U0112619

士仕之间

汉代士人与政治

王保顶 著

江苏人民出版社

图书在版编目（CIP）数据

士仕之间：汉代士人与政治/王保顶著. 一南京：
江苏人民出版社，2024.7

（思库文丛·学术馆）

ISBN 978 - 7 - 214 - 27464 - 9

Ⅰ.①士… Ⅱ.①王… Ⅲ.①士–研究–中国–汉代
Ⅳ.①D691.2

中国国家版本馆 CIP 数据核字（2023）第 085715 号

书　　　名	士仕之间：汉代士人与政治	
著　　　者	王保顶	
责 任 编 辑	朱晓莹	
装 帧 设 计	周伟伟	
责 任 监 制	王　娟	
出 版 发 行	江苏人民出版社	
地　　　址	南京市湖南路 1 号 A 楼，邮编：210009	
照　　　排	江苏凤凰制版有限公司	
印　　　刷	苏州市越洋印刷有限公司	
开　　　本	890 毫米×1240 毫米　1/32	
印　　　张	9.125　插页 4	
字　　　数	150 千字	
版　　　次	2024 年 7 月第 2 版	
印　　　次	2024 年 7 月第 1 次印刷	
标 准 书 号	ISBN 978 - 7 - 214 - 27464 - 9	
定　　　价	68.00 元（精装）	

（江苏人民出版社图书凡印装错误可向承印厂调换）

目录

导　言

　　学而优则仕是古代士人普遍恪守的信条和处世法则，士人拥有知识、理念和信仰，既是内在的修养，更要付诸实践，其途径必然是出仕，通过出仕施展抱负，如此方能体现士人的价值。正如孟子所说："士之仕也，犹农夫之耕也。"又曰："士之失位也，犹诸侯之失国家也。"（《孟子·滕文公下》）因此，士之于仕是十分紧要的。长安三万里，作为政治中心的长安成了士人虔诚向往的精神圣地。在漫长的古代社会中，无数士人皓首穷经、满腹经纶，通过各种途径出仕，或功成名就，一展抱负；或宦海浮沉，命运多舛；或折戟沉沙，籍籍无名。一部政治史，某种程度上是士人的宦海浮沉史。

　　汉承秦制，秦帝国实现短暂的统一，随之汉代维持统治四百余年，奠定了中国古代社会政治、文化诸制度的基础。先秦诸子百家，分门立派，各负道术，游走天下，但最终一同走进大一统的王朝政治，在两汉四百年中完成这一重大历史过程的转变。从士人方面来说，游历天下、施展抱负的诸子百家走进王朝政治，化身为维护王朝政治的中坚力量；从王朝方面来说，通过政治、经济、文化等诸多手段，把百家诸子吸引、吸收到王朝体系之中，成为王朝政治的基础。本书所关注和讨论的问题是：先秦时期诸子百家之士，是如何走进王朝政治体系之内的？这一过程中士人精神及现实层面经历了怎样的嬗变？其间经历了什么样的掰扯、博弈乃至毁灭和重塑？对后世古代社会产生了什么样的影响？显然，对这一系列问题的探讨是引人入胜的，但要深入堂奥、条分缕析则非笔者力所能及，这里的探讨是初步的、肤浅的、粗线条的，如能为读者提供些许启发也就深感满足了。

概括地说，在宏观历史背景之下，汉代士人与政治关系的演变经历了四个阶段，士人身份经历了四次变化。

第一阶段：西汉高祖至武帝时期。士人整体上为游士。士人阶层沿袭春秋、战国以来的游士传统，各自怀揣治理天下的法术，关注的焦点是对新兴王朝政治模式的议论和设计。王朝行政的主体沿袭秦代法吏，只不过是法吏中的"长者"——厚朴敦厚者，所推行的是清静无为的黄老政治。

　　第二阶段:西汉武帝至新莽时期。士人由游士转为儒士。武帝采纳董仲舒"罢黜百家,独尊儒术"的策略,因为政治的导引作用,诸子百家整体上转变为儒士。儒学在百家之中脱颖而出、独尊天下并非偶然,是儒学人文理性的胜利,是历史进步的结果。这时的儒学专注于内在的修养,儒士恪守"君子不器"的观念,导致长于言而拙于行,行政之中法吏仍处主导地位,儒士处于"缘饰"地位即边缘性地位。王莽以"托古改制"代汉自立,轻易实现政权的易位,说明儒士阶层远不能满足王朝政治的需要,对儒士阶层的改造势在必行。

　　第三阶段:东汉光武帝至章帝时期。士人由儒士转为士大夫。东汉建立,实现刘氏政权的回归,汲取西汉王朝败亡的教训,把将专注内在心性修养的儒士改造为既有儒学修养、又具行政效能的士大夫作为要务,"试职"成为察举制的关键环节,作为王朝政治基础的士大夫阶层形成。

　　第四阶段:东汉和帝至献帝时期。士人由士大夫转向名士。东汉后期,宦官、外戚交替专权,帝王被玩弄于股掌之中,大都短命而亡,士大夫的精英代表——党人,为维护王朝政治与宦官、外戚势力进行殊死斗争,苦撑东汉王朝百余年而未亡,西汉、东汉王朝殊然不同的结局生动说明了士大夫不愧为王朝政治的坚强柱石。另一方面,党锢之祸对士大夫阶层的打击也是致命的，前面说过，士之于仕十分紧要，宦官、外戚深谙士人的要害，对士人出仕的禁锢就是掐住了士人的命门，虔心服务王朝不仅未获应有的回报，反而生存空间逼仄、精神茫然无依，在经过惨烈的现实打击和巨大的精神顿挫之后，士人与王朝渐行渐远，逐渐走入自我，转为名士。直至宋代新儒学（理学）产生，士大夫方才回归王朝政治。

游士—儒士—士大夫—名士，标明了士人走进王朝政治的轨迹，也述说了士人走进王朝政治的复杂过程，其间士人身份发生四次转变，总体趋势是此消彼长——士人主体性逐渐萎缩，王朝专制性逐渐强化。

宏观上看，中国古代士人政治身份的重大转变即从先秦儒士转变为封建士大夫的过程是在两汉完成的，这个过程既是士人对新的政治环境适应的过程，又是新的政治环境塑造士人的过程。从微观上揭示两汉四百余年中士人与政治关系的演变轨迹，探索士人政治身份转变的历史意蕴，不仅对研究中国古代士人的形成过程、性格特点、历史地位等有着重大的意义，也可从士人与政治关系的视角对汉代的历史作一种解释。

"士"的含义十分丰富，历代学者对士的解释千差万别。

本书的"士"取其晚近之义,指西周宗法等级社会中贵族的最低等级。西周世卿世禄制下,天子、诸侯、大夫、士、庶人等级森严,恒定不变。士作为贵族的底层,有食田,接受六艺教育,拥有文化知识。春秋、战国"礼乐征发自天子出"的局面被打破,社会经历着深刻的变革,世卿世禄制逐渐失去依存的历史条件,阶层间的流动成为不可抗拒的历史潮流。在这种形势下,作为贵族的最低等级、处于大夫与庶人之间的"士"阶层对历史的变革最为敏感,触动也最深,他们面临着两种结果完全不同的选择:要么保持禄位,向上靠拢,成为"士大夫";要么失去特权,滑向下层,成为"士庶人"。在命运攸关的历史关头,士阶层总体上毫不犹豫地选择了前者,他们充分发挥自身占有文化知识的优势,学优而仕,在社会阶层中最具活跃性,表现出强烈的政治参与意识。简言之,以才智入仕构成士人的根本特征。

身处变革之世的战国诸子在对未来政治进行设计的同时,也着力寻求自身在未来政治结构中的最佳定位。秦以西戎小国兼并天下,显示了法家政治的巨大效能;秦至二世即亡,又暴露了法家政治的根本性缺陷:反人文性。而儒家思想的突出特点在于尊重文明,崇尚人文理性和人文价值,这样,以儒化法便具备了内在的历史逻辑基础。汉承秦制,法家政治的性质因循未变,为避免重蹈亡秦覆辙,政治上大行儒化,两汉政治史某种程度上可看作"儒化法"的历史,反映在士人与政治关系上就是士人由"边缘"走向"中心"的历史。

士人与政治的关系不外体现在实践和意识两个方面,也构成了本书叙述的两条线索。

实践方面,具体表现在吏、士关系上。秦行法治,政治的有效运作依靠通晓文法律令的"吏"来实现,吏构成法家政治的主体,这种局面入汉以后没有大的变化。秦的速亡,使汉统治者对峭刻寡恩的法吏深怀戒惧,遂行黄、老,倡导无为,于是出现汉初道、法并存,外道内法的格局。提倡黄老的目的在于以道家的无为淡化、弱化法家的恣行,体现在实践中就是对"长者"的尊崇。"长者"在汉初已非自然人格,与道家隐者、儒家君子也不相同,而是一种社会、政治人格。其真实身份是"吏",与严酷刻薄、多欲恣为的吏相反,具有敦朴、木讷、宽厚、谨严的气度,萧何、曹参即为典型代表。黄老政治以道化法,故又称"长者政治"①。

道、法在汉初并存,说明了二家本质上轻视文明、蔑视人文的一致性,由此也决定了黄老政治的限度,儒学开始担当起历史使命。武帝独尊儒术,直接结果是导致了士人由

----

① 柳诒徵:《长者言》,《柳诒徵史学论文续集》,上海古籍出版社 1991 年版。

游士向儒士的总体性改变,深远影响则是开启了儒士走向政治、与文吏相交融的历史进程。自武帝至新莽败亡这段时间内,儒术的影响主要限于意识形态领域,文吏仍是行政的基本阶层,现实功利性促使他们注意到对儒术的吸收及对儒士的任用。此外,儒士恪守"君子不器"①的观念,使得他们与现实关系较为疏远,身份及角色的转换显得迟缓和滞后,由此决定了他们在政治中的从属地位,"以经术润饰吏事"②或"以儒雅缘饰法律"③成为该时期士人与政治关系的基本特点。事物总是相反相成,文吏和儒士代表法、儒两种不同政治人格,在为政旨趣方面迥然不同,甚至对立:"文吏以事胜,以忠负;儒生以节优,以职劣。"④汉代,尤其在武帝以后的西汉,吏、士之间攻讦不息,但在攻讦的过程中双方互相吸收、互相融合,为最终形成封建政治人格准备了条件。在汉廷禄利的导引之下,尚功利的吏习儒术,察举制以儒学为准的,激励文吏升迁,赵翼《廿二史札记》卷二"贤良方正茂才直言多举现任官"条揭示了这一事实。吏习染儒

①《论语·为政》。朱熹注:"器者,各适其用而不能相通。成德之士,体无不具,故用无不周,非特为一才一艺而已。"朱熹《四书章注集注》,中华书局1983年版。

②《汉书》卷八九《循吏传》。

③《汉书》卷八四《翟方进传》。

④ 王充:《论衡》卷一二《程材》,上海古籍出版社1974年排印本。

术便成为"循吏"，成为吏人心仪行修的楷模。另一方面，儒士要走入政治，必须改变峨冠博带、坐而论道的迂腐形象，兼习文法吏事，进行社会角色的自我转换。实际上，西汉履登公卿之位的"儒宗"大都有过为吏的经历，吏能成为儒者仕进的内在依据和条件，如董仲舒、公孙弘等皆然。不通世务的儒士最高职位是"博士"——充随员、备顾问而已。

从历史演进的内在逻辑看，王莽转移汉祚、建立新室适应了以儒化法的历史潮流，而王莽的复古改制、败亡又恰好说明他违背了这个潮流，宣告了儒家理想主义的破产。《周礼》是儒者理想中的政治蓝图，缺乏现实的基础。

光武中兴，西汉灭亡的教训昭示，纯粹政治学意义上的以儒化法远远不够，首先必须符合集权政治的要求。光武、明、章三朝，一方面对儒学进行适应专制政治需要的改造，另一方面大力推行针对儒士的"吏化"①政策，促使其身份的快速转变。这样一来，就大大加速了武帝以来吏、士融合的进程，既有练事之才、又有专制政治意识的新型政治人格——士大夫阶层产生了。"士大夫"的含义很复杂，但其基本含义是确定的：指士与官僚的结合体②，或称为官僚与

---

① 《后汉书》卷二六《韦彪传》。
② 刘泽华：《士人与社会》（秦汉魏晋南北朝卷），天津人民出版社1992年版，第88页。

知识分子两种角色的结合①。由吏、士融合而来，又不同于原来两阶层，兼具政治实践素养和专制政治意识，成为王朝统治稳固的组织基础。"士大夫"的名称也反映了士阶层的政治历程：从世卿世禄制社会中游离出来，以文化知识为凭借，由边缘走入中心，完成了身份的转换，获得了社会角色的重新定位，这个过程反映了历史的理性发展过程。

士大夫阶层作为王朝统治的组织基础，与王朝政治有着共存关系。东汉章、和以后，宦官、外戚作为王朝统治的异质势力危害王权，士大夫便挺身而出，与其殊死斗争，经历政治斗争的残酷洗礼，苦苦支撑大一统政权达百年之久，与西汉王朝的速亡形成鲜明的对照。但这个刚刚形成的士大夫阶层心理毕竟是脆弱的，对王朝的一片忠心换来的却是禁锢、贬徙、杀戮等残酷回报，心理在遭受剧烈顿挫后发生转向，与王朝政治开始发生疏离，走入自我，士大夫政治人格向名士转变：经学转向玄学，对时政的清议转向形而上学的清谈，对人物操行的品鉴转向风貌容止的品评。

意识方面，根据士人与专制皇权双方地位的消长变化，呈现出如下两种情况：当政治意识尚未一统时，士人主体性突出，表现为帝王师的角色，为帝王设计王朝的政治模式及

---

① 阎步克：《士大夫政治演生史稿》，北京大学出版社1996年版，第5页。

为政方略；当政治意识一统时，士人的主体性逐步萎缩，逐渐沦为专制政治的附庸。综观两汉，以武帝独尊儒术为界，前后两个时期大体上反映了如上两种状况。武帝之前，士人先秦的游士身份仍未改变，扮演着帝王师的角色，在新的形势下对新的政治模式进行设计，陆贾、贾谊等为其突出代表。董仲舒以儒为主，兼采阴阳、法、墨等家，建构天人感应、天人合一的政治哲学，最终完成了王朝政治设计这一时代课题，战国诸子以来的政治设计至此终告完成。董仲舒的理论为武帝所采纳，从此儒术独尊，他是战国以来诸子的集大成者及终结者，从此游士总体上转变为儒士。

董仲舒号称"醇儒"，在于他虽"霸王道杂之"，但仍以先秦原始儒家思想为主要依据，如君臣关系上的相互制约，孝的观念主要限于伦理层面，阴阳家的五德终始学说使受命论也使革命论具有了神秘的理论依据，民本观念受到高度重视，君权受到制约和规范等等。这些理论占据着武帝以后西汉士人的精神世界，并对西汉后期的政治产生了深远的影响，当西汉政治衰坏、每况愈下之时，受命之说勃然而兴，汉祚已衰、新德必出成为社会普遍认同的价值观念，王莽以"新"德面目登上政治舞台，士人们就趋之若鹜了。王莽以几乎和平的方式实现了皇权的平稳过渡。

光武建立东汉，以西汉灭亡为前车之鉴，注重对原始儒家政治意识的改造,关键之点是激励名节,把法家的"忠臣"观念纳入儒家的"气节"范畴之中①,使王朝政治意识内化。这样,士人的个体命运与王朝政治兴衰联为一体,士人成为王朝政治的坚强支柱,宦官、外戚专权时,士人们表现出崇高、凛然的气节,客观上尽忠、尽节于大一统王朝,与前汉末士人的附莽形成强烈对比,由此决定了后汉迥然不同于前汉的政治结局。

士人与政治关系的实践和意识两个层面有着内在的联系,不可分离。士人走入政治,由边缘走入中心,展示了人文理性的进步,反映了历史的理性发展,士人在新的政治结构中的基础性地位得到确认,这个过程当然也包括主体性的萎缩和部分传统价值观的沦丧,但其历史意义应予充分肯定。汉代形成的士大夫政治人格模式自此一直未变,维护了封建政治的稳定性,同时保证了古代文明的延续性及理性化特征,这些都值得认真探索和总结。

---

① 魏良弢:《忠节的历史考察:秦汉至五代时期》,《南京大学学报》1995 年第2 期。

第一章 "长者政治"与游士遗风

（高祖—武帝）

一 "长者政治"

汉承秦制,已为学界所公认,讨论汉初士人与政治的关系,必须回溯秦政的实质。秦以法立国,崇信法的绝对权威,一切准之于法,如商鞅所说:"法令者,民之命也,为治之本也,所以备民也。"①"故法者,国之权衡也。"②为维护法的绝对权威,必须根绝"私",绝对排斥私议,强调各个方面的整齐划一,"圣人之为国也,壹赏、壹刑、壹教。壹赏则兵无敌,壹刑则令行,壹教则下听上。"③法家政治蔑视人文价值,

①《商君书·定分》。
②《商君书·修权》。
③《商君书·壹刑》。

摒弃道德教化,把治人与理物等同起来,人与动物无差别。商鞅就把人与动物视为一体,认为社会之争与财物之争一样,在于各自的名分未定,一旦名分确定,则天下晏然,万物有序,而法就是确定人名分的万应法宝,他说:

> 一兔走,百人逐之,非以兔可分以为百,由名之未定也。夫卖兔者满市,而盗不敢取,由名分已定也。故名分未定,尧、舜、禹、汤且皆如鹜焉而逐之;名分已定,贪盗不取。……故圣人必为法令置官也,置吏也,为天下师,所以定名分也。……故夫名分定,势治之道也;名分不定,势乱之道也。①

法家排斥文化知识,禁止民间一切形式的知识传授,法由通悉文法律令的"吏"负责具体实施,也由吏传授,这就是"以吏为师"的传统。韩非说:"明主之国,无书简之文,以法为教;无先王之语,以吏为师。"②因此,吏构成法家政治的主体,商鞅说:"吏者,平法者也。"③"为法令,置官吏。"④《说文解字》:"吏,治人者也。"杨泉《物理论》:"吏者,理也,所以理万机、平百揆也。"执法之吏虽然拥有文化知识,但文化素养

①④《商君书·定分》。
②《韩非子·五蠹》。
③《商君书·赏刑》。

仅限于掌握文法律令,毋宁说是一种技能,诚如王充所说:"文吏,朝廷之人也,幼为干吏,以朝廷为田亩,以刀笔为耒耜,以文书为农业。"①吏忠实地执行法律,缺乏自身价值观,把统制的对象视为物,以苛察峻峭为能,道德教化退居极次要地位,刻薄寡恩成为吏的普遍品性,执法、"治剧"成为衡量"良吏"的标准。商鞅把吏比之于严父,认为治民的效用远比慈母为高:"母之爱子也倍父,父令之行于子者十母;吏之于民无爱,令之行于民也万父。"②任何排斥文化、轻视文明的政治观念都与政治的本质相悖逆,因而难以持久。与法家不同,儒家尊重人类文明、肯定人的价值。孔子明确把人与动物(鸟兽)区别开来,他说:"鸟兽不可同群,吾非斯人之徒而谁与?"③鸟兽不可同群,与人类同行者当然只能是人类自己,在人与动物的区分中充分肯定人的价值。再如孝,其内涵主要是人格上的尊重,而非仅物质上的满足,前者为人类所独有,后者则是动物的共性,孔子说:"今之孝者,是谓能养。至于犬马,皆能有养。不敬,何以别乎?"④

由此可见,法、儒两家政治观有着根本的分别,法吏与

---

① 《论衡·程材》。
② 《商君书·六反》。
③ 《论语·微子》。
④ 《论语·为政》。

儒士也有着森严的界限。秦的遽兴与速亡充分展示了法家政治的效能与弊害,儒家的实践理性特征决定了它的现实价值,以儒济法、以儒化法成为不可抗拒的潮流,这在汉初士人的反思中有充分的反映。

值得注意的是,秦及汉初士人都把秦的暴政及秦亡归咎于吏,侯生与卢生议论始皇的罪状之一是"专任狱吏,狱吏得亲幸"①。司马迁记述秦末天下皆反的情形说:"山东郡县少年苦秦吏,皆杀其守尉令丞反,以应陈涉。"②张释之对文帝言颇有代表性:"秦以任刀笔之吏,吏争以亟疾苛察相高,然其弊徒文具耳,无恻隐之实。以故不闻其过,陵迟而至于二世,天下土崩。"③对吏进行系统论述者首推贾谊,他深刻指出秦亡在于不施仁义。汉全盘因袭了秦的政制,自丞相至佐史(亭长、啬夫)等整个官僚队伍皆称吏。《汉书·百官公卿表》:"凡吏秩比二千石以上,皆银印青绶。"二千石为郡守之秩,故郡守以上官员可称吏。班固记述西汉官僚队伍的总人数说:"吏员自佐史至丞相,十二万二百八十五人。"④为避免重蹈亡秦覆辙,必须对吏的角色进行儒化定位,贾谊说:"吏之为言,理也。故吏也者,理之所出也。上

---

①②《史记》卷六《秦始皇本纪》。
③《史记》卷一〇二《张释之传》。
④《汉书》卷一九上《百官公卿表上》。

为非而不敢谏，下为善而不知劝，此吏无理也，故政谓此国无吏也。"①吏即理，在韩非、商鞅那里，理即治理，其中包含是非判断。贾谊把吏作了儒学的转化，使"吏"由工具还原成"人"，当然是儒家标准的人。

与法家治吏不治民相反②，贾谊强调治民，即注重道德教化："故有不能治民之吏，而无不可治之民。故君明而吏贤矣，吏贤而民治矣。故见其民而知其吏，见其吏而知其君矣。"③关于吏、民关系，贾谊从儒家民本观念出发，提出"吏以民为本"的见解，他说：

> 故夫民者，吏之程也，察吏于民，然后随之。夫民至卑也，使之取吏焉，必取其爱焉。故十人爱之有归，则十人之吏也；百人爱之有归，则百人之吏也；千人爱之有归，则千人之吏也；万人爱之有归，则万人之吏也。故万人之吏，选卿相焉。④

思想家的深刻之处在于能把握时代的脉动，预见历史的走向，贾谊堪其选。秦法以细密著称，"律令凡三百五十九章，大辟四百九条，千八百八十二事，死罪决事比万三千

---

① ③ ④《新书·大政下》。
②《韩非子·外储说右下》。

四百七十二事。文书盈于几阁,典者不能遍睹。"①汉沿袭秦法虽有所减轻,但无质的变化,行政的主体仍是崇信法家的吏。加之春秋、战国以来,战乱纷扰,经秦的酷政及楚汉战争,社会经济基础十分脆弱,民生极其艰难。在这种形势下,儒术一时难以推行,社会需要休养生息,清静无为的黄老思想适应了时代的要求,由此出现了汉初法、道共存,内法外道的格局。这个格局的实质是以道化法,即以清静无为的道家思想约束、淡化刻薄寡恩的法吏政治,法、道的结合产生了汉初特殊政治——"长者政治","长者"即吏中厚朴敦厚者。

长者,本指年高德劭之人,是一种自然人格,而在汉初特殊的背景之下,长者指代一种政治人格,既不同于黄老处士,又不同于儒家儒士,真实身份是吏。萧何、曹参是"长者"中的代表性人物。萧何少为刀笔吏。曹参"秦时为狱掾,而萧何为主吏,居县为豪吏矣",颜师古注:"言参及萧何为吏之豪长也。"②萧行无言之治,曹全盘因袭,"萧规曹随"反映了长者政治的本质。曹参任相国后,日夜饮酒,不问政事,吏来请示以酒饮之,所用也是敦厚木讷的长者,疏远、斥

①《汉书》卷二三《刑法志》。
②《汉书》卷三九《曹参传》。

退刻薄之吏，班固记其用人准则："择郡国吏木讷于文辞，重厚长者，即召除为丞相史。吏之言文刻深、欲务声名者，辄斥去之。"①史籍中长者与刑名之吏常相对而言，如张欧，"虽治刑名家，其人长者。景帝时尊重，常为九卿。……自欧为吏，未尝言案人，专以诚长者处官，官属以为长者，亦不敢大欺。"②《史记》《汉书》等都清楚地记载了长者的身份。

直不疑，"学《老子》言，其所临，为官如故，惟恐人知其为吏迹也。不好立名称，称为长者。"③

汲黯，"迁为东海太守，黯学黄老之言，治官理民好清静，择丞史而任之。……治务在无为而已，弘大体，不拘文法"。憎恶张汤等舞文弄法之吏，称"天下谓刀笔吏不可以为公卿，果然。必汤也，令天下重足而立、侧目而视矣"④。

郑当时，"庄（当时字）好黄老之言，其慕长者如恐不见"，"每朝，候上之间，说未尝不言天下之长者"；"未尝名吏，与官属言，若恐伤之"。⑤

田叔，"学黄老术于乐巨公所"⑥，被文帝称为"长者"。

可见，长者身为吏，信奉黄老，与苛察之吏不同，收心敛

①《史记》卷五四《曹相国世家》。
②③《史记》卷一○三《万石张叔列传》。
④⑤《史记》卷一二○《汲郑列传》。
⑥《史记》卷一○四《田叔列传》。

性,清静无为,张释之形象地点出了法吏与长者的区别。《史记》卷一〇二《张释之传》记载了一段张释之侍从文帝游上林苑的故事:

> 释之从行,登虎圈。上问上林尉诸禽兽簿,十余问,尉左右视,尽不能对。虎圈啬夫从旁代尉对上所问禽兽簿甚悉,欲以观其能口对响应无穷者。文帝曰:"吏不当若是邪?尉无赖!"乃诏释之拜啬夫为上林令。释之久之前曰:"陛下以绛侯周勃何如人也?"上曰:"长者也。"又复问:"东阳侯张相如何如人也?"上复曰:"长者。"释之曰:"夫绛侯、东阳侯称为长者,此两人言事曾不能出口,岂敩此啬夫喋喋利口捷给哉!……今陛下以啬夫口辩而超迁之,臣恐天下随风靡靡,争为口辩而无其实。且下之化上疾于景(影)响,举错(措)不可不审也。"文帝曰:"善。"乃止不拜啬夫。

在张释之看来,啬夫吏能很高,必然苛察峻峭,不可任用,而尉是与周勃、张相如相类的长者,吏能虽较为低下,却敦厚朴实。柳诒徵先生说:"所谓长者,不过拙讷木钝,与人相处肯吃亏耳。……然汉之代秦,破觚为圜,所雕为朴,实基于此。"①

---

① 柳诒徵:《长者言》,《柳诒徵史学论文续集》,上海古籍出版社 1991 年版。

汉初道、法共存的事实反映了二家排斥知识、蔑视文明上的一致性。长者作为吏的真实身份未变，依然排斥知识，缺乏文化教养，崇尚黄老、清静无为在汉初特殊的历史背景下会收到一定的积极效果，但很有限度。经过几十年的休养生息，社会经济迅速恢复和发展，各种社会矛盾暴露和激化，长者政治也就完成了历史使命，不能适应形势发展的需要了，作为行政主体的长者政治人格也必然失去存在的历史条件，随即儒士开始了走入政治的漫长历程。

二　游士遗风

在西周以宗法血缘为纽带的世卿世禄制社会中，"诸侯，春秋受职于王以临其民，大夫、士日恪位著以儆其官，庶人、工、商各守其业以供其上。"①"公食贡，大夫食邑，士食田，庶人食力，工商食官，皂隶食职，官宰食加。"②"士"是贵族的最低等级，有食禄，在行政的中下层任职，顾炎武说："则谓之士者，大抵皆有职之人。"③春秋、战国固定的社会秩序受到挑战，世卿世禄制遭到破坏，战国各诸侯国的变法运

①《国语》卷一《周语上》。
②《国语》卷一〇《晋语四》。
③ 顾炎武：《日知录》卷九"士何事"条，上海古籍出版社 1984 年影印本。

动旨在以官僚行政体制代替以宗法血缘为纽带的贵族体制,社会结构经历着深刻的变化。在流动不已的社会中,处于贵族与庶人交接点上的士阶层震动尤为强烈,他们依凭自身文化传统上的优势,直面现实,积极参与政治,形成独具特色的游士品格。

游士之"游",大体包括如下两层含义:从社会阶层来说,有很强的游动性,表明其社会角色的游移不定状态;从文化品格来说,有突出的主体意识,是社会中最为活跃的阶层。但在"游"的表象背后,潜藏着十分明确、专注的目的,就是实现自身在新的政治结构中的重新定位。因此,学以致位、由学而仕成为士的普遍实现路径。"学以居位曰士"[①]。士为四民之一,"士之仕也,犹农夫之耕也";相反,"士之失位也,犹诸侯之失国家也"。[②]

战国诸子以帝王师自任,游说诸侯,酿成"百家争鸣"的局面,士无定主、游士无宗国,也就成了普遍现象,所谓"六国之时,贤才之臣,入楚楚重,出齐齐轻,为赵赵完,畔(叛)魏魏丧"[③],揭示了这种状况。游士之中不乏惟利是图、朝秦暮楚之辈,间或使自己位至卿相、荣华富贵,但士作为社会

①《汉书》卷二四《食货志上》。
②《孟子·滕文公下》。
③《孟子·滕文公下》。

阶层总体上仍以道自任,并非蝇营狗苟,否则就不会有百家间的争鸣,这从儒士观念的凸显上充分反映出来。后世所说的"士",相当程度上受到儒士观念的浸润,儒士作为先秦游士之一,具有一般士人的共性,所不同的是被赋予了道德、道义的向度,对文明即人类基本价值如理性、人文、道德、伦理等表示认同与肯定,如孔子说:"君子食无求饱,居无求安,敏于事而慎于言,就有道而正焉,可谓好学也已。"①"士志于道,而耻恶衣恶食者,未足与议也。"②曾子说:"士不可以不弘毅,任重而道远。仁以为己任,不亦重乎?死而后已,不亦远乎?"③孟子更明确地说:"无恒产而有恒心者,惟士为能。若民,则无恒产因无恒心。"④儒家的士观念大大提升了士的文化品位,从而导致了俗士与儒士(雅士)间的分别,由此奠定了古代士人"社会良心"的基本地位。

秦处边陲,文化相对落后,却为关东游士提供了广阔的用武之地,某种程度上说秦借游士而兴,游士因而在政治、经济、文化等方面取得了强固的地位,以至引起宗室贵族的恐慌,酿成"逐客"事件。"秦宗室大臣皆言王曰:'诸侯人来

---

① 《论语·学而》。
② 《论语·里仁》。
③ 《论语·泰伯》。
④ 《孟子·梁惠王上》。

事秦者,大抵为其主游间于秦耳,请一切逐客。'"很显然,这话恐言者自己也不会相信,目的在于借"郑国事件"达到压抑游士势力的目的。李斯自己就是自楚游秦之士,上书列举了穆公任由余、蹇叔、丕豹、公孙枝,孝公任商鞅,惠王重张仪,昭王得范雎等所取得的巨大政治效果,说:"夫物不产于秦,可宝者多;士不产于秦,而愿忠者众。今逐客以资敌国,损民以益仇,内自虚而外树怨于诸侯,求国无危,不可得也。"①

逐客之争反映了游士与宗室贵族之争,从一个侧面印证了游士势力的强大,说明游士足以与贵族势力相埒,且犹有过之。秦受儒士益处最大,也深知儒士的政治效能,故在法律上对其作了防范和禁止。《云梦秦简》出土有《游士律》,是针对游士而颁布的禁律,"商鞅教秦孝公'禁游宦之民'(《韩非子·和氏篇》)的法令竟完全获得了证实"。② 但是,文化发展的历史昭示,一种文化传统的消除,仅仅依靠政治的手段是无法实现的。法家鄙视文化的性质决定了它无法实现文化统一的使命,随后焚书坑儒的极端性措施也应作如是观。

---

① 《史记》卷八七《李斯列传》。
② 余英时:《士与中国文化》,上海人民出版社 1987 年版。

即使在秦统一的短暂时间里，游士传统仍顽强地存续着，私家养士制度一变而为王朝养士，这就是博士制度。王国维说："博士一官，盖置于六国之末而秦因之。"他进一步举证说：

> 至秦之博士而有定员，《史记·秦始皇本纪》："始皇置酒咸阳宫，博士七十人前为寿"；又"侯生、卢生相与谋曰：'博士七十人特备员不用'"，是秦博士员多至七十人。其姓名可考者，博士仆射有周青臣，博士有淳于越、有伏生、有叔孙通、有羊子、有黄疵、有正先、有鲍白令之，仅七人。①

除王氏所列，学者考证尚有李克、桂贞、卢教、圈公、沈遂等六人，合前共十三人，其中儒生七人。② 秦所置博士中囊括各家，王国维指出："其中盖不尽经术之士，如黄公之书，《七略》列于法家，而《秦始皇本纪》云使博士为仙真人诗，又有占梦博士，殆诸子、诗赋、术数、方技皆立博士，非徒六艺而已。"③从秦博士制度的性质、作用及博士的构成看，视博士制度为秦廷的养士制度大概不会有什么问题。

---

①③ 王国维：《汉魏博士考》，《王国维遗书》第 1 册，上海古籍出版社 1983 年版。

② 刘泽华：《士人与社会》（秦汉魏晋南北朝卷），天津人民出版社 1992 年版。

下面看一看秦焚书坑儒以后游士的状况。焚书、坑儒分别发生在始皇三十三年(公元前 214 年)、三十五年(公元前 212 年),距秦亡分别为八年和六年。在事件发生后的数年中,游士仍很活跃,博士仍然存在,陈胜起兵时召集博士诸生三十余人询问应对方略,当包括各家之士,名儒叔孙通在其中,"通之降汉,从弟子百余人"①,可见儒者甚众。叔孙通归汉后,高祖让他"征鲁诸生三十余人"②,说明鲁地儒风鼎盛。刘邦举兵围鲁,"鲁中诸儒尚讲诵习礼乐,弦歌之音不绝"③。再如孔子九世孙孔鲋,陈涉起兵时,持孔氏礼器以归,"于是孔甲(鲋)为陈涉博士,卒与涉俱死"④。汉初大儒皆出于秦,确如郑樵所说:"陆贾,秦之巨儒;郦食其,秦之儒生;叔孙通,秦时以文学待诏博士。数岁,陈胜起山东,二世诏博士三十余人问故,皆用《春秋》之义以对,是则秦时未尝不用儒生与经学也。"⑤

从上面简单的叙述可以看出,秦在某种程度上依靠游士而兴,游士在秦有着坚实的社会基础和强固的文化传统,

---

① ②《汉书》卷四三《叔孙通传》。
③ ④《史记》卷一二一《儒林列传》。
⑤ 郑樵《通志》卷七一《校雠略》,上海古籍出版社 1988 年影印万有文库《十通》本。

秦的法家政治并未在多大程度上改变这种传统。换句话说，春秋、战国以来所形成的百家并陈、游士活跃的局面并未因秦而中绝，入汉以后仍保存下来。法家政治排斥文化知识，法吏垄断政治，士人处于边缘的地位，充当顾问的博士代表了士人政治上的最高境遇。士人与政治之间立有一道幕墙，关系是隔阂和疏远的，这也是法家政治下的一般状况。

刘邦建汉，既因袭了秦的法吏政治，又继承了游士文化传统。分封制的推行，侯国林立，为士人营造了与春秋、战国极为相似的活动空间，诸侯王为积蓄势力，谋取天下，大量罗致士人，先秦游士传统得以恢复和发扬。再者，汉除挟书之律，让百家书公开流行，为士人提供了丰富的思想材料，如惠帝除挟书律，高后废妖言令，文帝废诽谤妖言罪，士人思想与言论的桎梏得以解除，个体意识能得到较为充分的张扬。最后，也是至为重要的一点，秦政的遽兴与暴亡为士人提供了关注与思考的主题，确立了共同的致思方向。这样，汉初呈现出游士活跃、在反思秦政的基础上对汉政进行设计的特点。

首先，汉初养士成风，游士活跃。淮南王刘安，"为人好读书鼓琴，不喜弋猎狗马驰骋，亦欲以行阴德拊循百姓，流誉天下"，颇有士人之风。他"阴结宾客"，"招致宾客方术之士数千人",①编撰《淮南子》一书。在中国古代目录学中,《淮南子》与先秦诸子书同入子部,从一个侧面反映了汉初游士与先秦游士的同质性。吴王刘濞,"招致四方之士"②,后倡七国之乱,被杀;梁孝王刘武,"从游说之士齐人邹阳、淮阴枚乘、吴严忌夫子之徒"③,邹阳等数子当世都以文辩著名;以擅赋著称的司马相如"得与诸生游士居,数岁,乃著《子虚之赋》"④。权臣显要罗致宾客,士人争归。高祖时陈豨以赵相国监赵、代之地,"豨少时,常称慕魏公子,及将守边,招致宾客,常告过赵,宾客随之者千余人"⑤;景帝时,窦婴封魏其侯,"游士宾客争归之"⑥;田蚡"卑下宾客,进名士家居者贵之",即使赋闲家居未仕者也予厚待,"上所填(镇)抚,多蚡宾客计策"⑦,景帝朝政事都由他推荐的宾客筹划,可见影响之大。类似材料史籍中不胜枚举,可以想见汉初与春秋、战国十分相似的游士活跃景况。

其次,反思秦政,设计汉政。春秋、战国社会处于传统结构的崩溃瓦解期,新的社会结构尚未现形,只有极少数士人回避现实,迷恋意念中的所谓圣王政治,绝大多数士人都

---

① 《汉书》卷一一八《淮南衡山列传》。
② 《汉书》卷五一《邹阳传》。
③④ 《汉书》卷五七上《司马相如列传》。
⑤⑥ 《汉书》卷五二《窦婴传》。
⑦ 《史记》卷五二《田蚡传》。

在描绘各自心目中未来社会的蓝图,呈现出百家争鸣的局面。汉初则不同,秦建立起统一的大帝国,新的社会政治结构已建立起来,士人关注的焦点集中在对秦政的反思、汉政的设计上,表现出相对的单一性和针对性。在汉初特殊的背景下,倡言清静无为的道家与强调礼义仁政的儒家士人成为士人中的主流,二者在主张休养生息上有同一性,思想上兼容互渗,大体上说来,道家关注现实的状况,儒家则着眼于长远的设计,代表人物有盖公及贾谊、陆贾、董仲舒等。

盖公。曹参任齐相时,曾召集数百名儒生议论治民之道,结果"言人人殊,参未知所定"。他请教治黄老的盖公,盖公一语破的:"治道贵清净而民自治。"①曹参深纳之,以黄老术治齐九年,齐大治。参继萧何为相国,清静无为的黄老之术成为治国指针,内敛无为的长者成为一时理想的政治人格。惠帝和吕后时,"君臣俱欲休息无为","政不出房户,天下晏然,刑罚罕用,罪人是稀民务稼穑,衣食滋殖"。② 继曹参为相国的陈平"本好黄帝、老子之术",他说:"宰相者,上佐天子理阴阳、顺四时,下育万物之宜,外镇抚四夷诸侯,内亲附百姓,使卿大夫各得任其职焉。"③文、景二帝及把握

---

① 《史记》卷五四《曹相国世家》。
② 《史记》卷九《吕太后本纪》。
③ 《史记》卷五六《陈丞相世家》。

朝纲的窦太后都好黄老之术，"文帝本修黄、老之言，不甚好儒术，其治尚清静无为"①；窦太后在景帝及武帝初年掌政，"好黄帝、老子言，(景)帝及太子、诸窦不得不读黄帝、老子，尊其术"②。景帝崇黄老，亲近道家之士，"王生者，善为黄老言，处士也，尝召居廷中"③。我们当然不能过分夸大盖公的作用，把一时的政治系于一士人，汉初黄老政治固然是时势的产物，但以盖公为代表的黄老之士发挥了重要的影响，士人的政治作用往往体现在对关键政治人物的影响上。由此也可以看出，黄老作为君人南面之术，截然不同于老庄，体现出强烈的现实情怀。

陆贾。本为楚游士，"以客从高祖定天下"。他以道自任，怀抱儒术，常在不好儒术的刘邦面前称说《诗》《书》，刘骂他"乃公居马上而得之，安事诗书"时，陆贾不趋炎附势，表现出儒士的好辩品格：

> 居马上得之，宁可以马上治之乎？且汤、武逆取而以顺守之，文武并用，长久之术也。昔者吴王夫差、智伯极武而亡；秦任刑法不变，卒灭赵氏(秦姓)。向使秦已并天下，行仁义，法先圣，陛下安得而有之？高帝不

---

① 应劭：《风俗通义》，上海古籍出版社1990年影印本。
②《史记》卷四九《外戚世家》。
③《汉书》卷五〇《张释之传》。

怿而有惭色,乃谓陆生曰:"试为我著秦所以失天下,吾
所以得之者何,及古成败之国。"陆生乃粗述存亡之征,
凡著十二篇,每奏一篇,高帝未尝不称善,左右呼万岁,
号其语曰《新语》。①

陆贾重要的历史贡献在于把一个轻视儒术、鄙视儒士
的草莽开国君主吸引到儒学上,儒学开始摆脱政治上的边
缘性地位,儒士与政治开始出现结合的趋向。这种趋向尽
管在汉初的一段时间里凝滞不前,但毕竟使结合的理论上
的基础变成现实的可能,一俟条件成熟就成为不可抗拒的
潮流。从政治史角度看,陆贾说服高祖,意味着儒学人文理
性对法吏政治的巨大渗透力,意义不可低估。因此,陆贾颇
受后人推崇,余嘉锡说:"则汉之初拨乱反正,贾有力焉,非
叔孙通辈陋儒所敢望。"②叔孙通揣摩高祖意旨,曲意逢迎,
钓名干利,代表了"俗儒"这一类型,虽然也能身居高位,显
赫一时,但对一时政治及儒士阶层影响甚微,故不为人称
道。胡适说:"陆贾的历史见解有点像荀卿,又有点像韩非,
大概是调和这两个人之间。"③胡氏点出了陆氏以儒化法思

---

① 《史记》卷九七《陆贾传》。
② 余嘉锡:《四库提要辨正·新语》,中华书局 1980 年影印科学出版社 1956
年刊本。
③ 胡适:《中国中古思想史长编》,华东师范大学出版社 1996 年版。

想的实质。可以说,陆贾思想反映了汉代政治思想的总体走向。

陆贾思想中黄老色彩浓厚,针对秦政的肆意妄为,《新语》中《无为》篇说:"夫道莫大于无为,行莫大于谨敬。"《至德》篇说:"君子之为治也,块然若无事,寂然若无声,官府若无吏,亭落若无民,闾里不讼于巷,老幼不愁于庭,近者无所议,远者无所听。"法家政治崇法尚刑,"事愈烦,天下愈乱;法愈滋,而奸愈炽;兵马益设而敌人愈多。秦非不欲为治,然失之者乃举措暴众而用刑太极故也"①。无为并非无所作为,而是限制肆意妄为,进而强调君主的人格责任,对至高无上的君权进行规范和约束,陆贾说:"尧、舜不易日月而兴,桀、纣不易星辰而亡,天道不改而人道易也。……故世衰道失,非天之所为也,乃君国者有以取之也。"②在专制政体下,君主一人独尊,为所欲为,无所忌惮,在如何规范、限制君权这个关键问题上,陆贾没有能提出具体的解决办法,这个问题在董仲舒援引阴阳五行说塑造凌驾于君主之上的人格之"天"才获得解决。汉政的设计自贾谊开始至董仲舒才告完成,自陆至董代表了汉初士人政治设计的全过程,而

---

① 陆贾:《新语·无为》。
② 陆贾:《新语·道基》。

贾谊则是其中关键性的过渡人物。

贾谊。贾谊穷蹙的仕途生涯正是法家政治下儒士政治命运的折射,嗣后的大儒董仲舒也有着类似的命运。贾谊年少富才学,"颇通诸子百家之书"①,二十六岁为文帝博士,每有诏下对答深合帝意,文帝欲任他为公卿,但遭老臣周勃、灌婴的反对,遂出任长沙王太傅,后迁梁王太傅,三十三岁时(公元前168年)抑郁忧愤而逝,时距陆贾谢世仅两年,但陆贾比他早生四十年,二者基本上属两代人。

与陆贾相比,贾谊对汉政的设计更加深刻,反映了汉初士人政治设计不断深化的过程,具体表现在如下两方面:其一,贾谊不再仅仅停留在对秦政的批判、反思上,进而提出改变秦汉相袭的法家政治性质的要求。战国齐人邹衍创立了说明政治嬗变的五德终始说,周为火德,秦代周以水德自居,《史记·秦始皇本纪》载:

> 及始皇推终始五德之传,以为周得火德,秦代周德,从所不胜。方今水德之始,改年始,朝贺皆自十月朔。衣服旄旌节旗皆上黑。数以六为纪,符、法冠皆六寸,而舆六尺,六尺为步,乘六马,更名河曰德水。以为水德之始,刚毅戾深,事皆决于法,刻削毋仁恩和义,然

①《史记》卷八四《贾谊传》。

后合五德之数。

这样,水德实际上成了法家政治模式的特征,水德、秦政、法家政治是内涵等同的三个概念。为改变法家政治模式,贾谊利用五德终始说,主张以土克水:

> 贾生以为汉兴至孝文二十余年,天下和洽,而固当改正朔,易服色,法制度,定官名,兴礼乐,乃悉草具其事仪法,色尚黄,数用五,为官名,悉更秦之法。①

五德之中土德居中央,地位最尊,是礼乐的象征,稍后的董仲舒说:"忠臣之义,孝子之行,取之土。土者,五行最贵者也。"②改德更朔易服色的目的是"悉更秦之法",以儒家的政治模式代替法家的政治模式,贾谊明确地表明了他的政治主张:"汉兴至今二十余年,宜定制度,兴礼乐,然后诸侯轨道,百姓素朴,狱讼衰息。"③贾谊的思想具有超前性,在当时形势下难以实现,周勃、灌婴等权臣以这位"洛阳少年""专欲擅权,纷乱诸事"④为借口不允许他进入权力的中枢,并贬逐边地。

改德易色之争的历史表象之下潜伏着政治模式之争。

---

① 《史记》卷六《秦始皇本纪》。
② 董仲舒:《春秋繁露·五行对》,上海古籍出版社 1989 年 9 月影印本。
③④《史记》卷八四《贾谊传》。

汉初在这个问题上一直游移不决,反映了汉初政治模式的选择过程,直至窦太后谢世、武帝当政"独尊儒术"时,汉代土德才最终确立。

其二,与上一点相联系,贾谊以儒学为参照系,对现实政治进行深刻的批判。他强调民本观念,从秦的灭亡中总结出"仁义不施,攻守之势异也"①的历史教训,指出:"德莫高于博爱人,而政莫高于博利人,故政莫大于信,治莫大于仁。"②民为邦本,顺之则治,逆之则乱,"闻之于政也,民无不为本也,国以为本,君以为本,吏以为本。故国以民为安危,君以民为威侮,吏以民为贵贱,此之谓民无不为本也"③。基于此,他警告当政者:"故夫民者,至贱而不可简也,至愚而不可欺也,故自古至于今与民为仇者,有迟有速,而民必胜之。"④其次,他强调"礼"。儒家之礼即名分、秩序,不可僭越和破坏,"礼,经国家,定社稷,序民人,利后嗣者也"⑤;"礼,国之纪也。"⑥在这个意义上说,礼与法相通,"礼以体政,政以正民,是以政成而民听,易则生乱"⑦。但是,儒、法在实现

①《史记》卷八四《贾谊传》。
② 贾谊:《新书·修政语》。
③④ 贾谊:《新书·大政上》。
⑤《左传·隐公十一年》。
⑥《国语·晋语四》。
⑦《左传·桓公二年》。

和保持秩序的途径上有着根本的不同,焦点集中在对待人文的价值上。前已有述,法家崇奉法的绝对权威,轻视人文价值,一切断于法;儒家重视基本人文价值,将社会秩序维持在一种亲和状态中,礼辅之以仁,仁者爱人,使个体之间、社会层次之间的紧张关系得以松弛。既强调等级秩序,又注意调和紧张的社会关系,在古代社会不失为一种理智、现实的政治选择,这正是儒家生命力之所在。贾谊十分注重礼,他说:"礼者,所以固国家,定社稷,使君无失其民者也。主主臣臣,礼之正也;威德在君,礼只分也;尊卑大小,强弱有位,礼之数也。道德仁义,非礼不成;教训正俗,非礼不备;纷争辩讼,非礼不决;君臣、上下、父子、兄弟,非礼不定。"①

汉初行黄老政治,一段时间内、一定程度上缓解了法家的苛察之政,并取得了明显的效果,出现文景之治的盛世局面。但秦政的转轨并未实现,法家政治的性质依然如故,新的政治模式更未建立,贾谊的可贵之处就是以深邃的历史眼光认清盛世之下的这个尖锐事实,以一个儒士的强烈使命感上《治安策》,可谓盛世危言,指出当时严峻的现状,"可为痛哭者一,可为流涕者二,可为长太息者六,若其他背理

---

① 贾谊:《新书·礼》。

而伤道者,难遍以疏举"①。贾谊感到痛心疾首的原因在于当世统治者没有认清这个事实,得过且过,不为未来筹划,他说:

> 进言者皆曰天下以安已治矣,臣独以为未也,曰安且治者,非愚则谀,皆非事实知治乱之体者也。夫抱火厝之积薪之下而寝其上,火未及燃,因谓之安。方今之势,何以异此! 本末舛逆,首尾衡决,国制抢攘,非甚有纪,胡可谓治!②

这种众人皆醉而我独醒的屈子情怀决定了他与屈子相似的政治命运,不通文墨的屠狗卖缯者流当然不容许一介儒士改变当世政治模式,贾谊的悲剧是法家独断政治下士人阶层政治命运的缩影。

从上面的叙述可以看出,汉既因袭了秦的法家政治,又继承了春秋、战国至秦一脉相传的游士文化传统。在法家政治下,士人阶层处于边缘性地位,极少涉足政治的实践,游士品格决定了他们热衷于政治批判及政治设计。道、儒两家士人构成汉初士人阶层的主流,陆贾和贾谊的政治设计反映了汉政的走向,但受时势的制约,这一工作只能留待董仲舒来最后完成。

---

①②《汉书》卷四八《贾谊传》。

三 政治设计的完成及游士的终结

任何一个政权的政治理论必须解决与这个政权命运攸关的两方面问题，即合理性问题和长久性问题，前者关系到生存的基础，后者关系到存在的时间。上古重天道，天命成为统治者的最高依据，三代都以受命天子自居，殷代夏，天"乃命尔先祖成汤革夏，俊民甸四方"①。周代殷，"丕显文武，皇天宏厌厥德，配我有周，膺受天命"②。但三代更替，"天命靡常"③一直困扰着统治者，"靡不有初，鲜克有终"④成为政治咏叹调的恒久主题。西周酝酿着社会的深刻变革，这种意识尤为强烈，当世诗人敏感地触及了时代脉搏的律动，感叹"昊天不庸，降此鞠凶"；"昊天不惠，降此大戾"⑤；"浩浩昊天，不骏其德"⑥。在社会剧变面前，人民对天不再迷信，民的重要性日益显现，重民轻天逐渐成为时代意识的潮流，史籍中有充分的反映，如"民和而后神降之福"⑦，"所

---

① 《尚书·多士》。
② 《毛公鼎》。
③ 《诗经·大雅·文王》。
④ 《诗·大雅·荡》。
⑤ 《诗·小雅·节南山》。
⑥ 《诗·小雅·雨无正》。
⑦ 《国语·鲁语上》。

谓道，忠于民而信于神也"①，"国将兴，听于民；将亡，听于神"②等。伴随着重民轻天的潮流，正统论的理论基点也由"天"逐渐转移到"民"上，反映了历史的理性进程。

战国齐人邹衍以自然秩序比附社会政治，根据木、火、土、金、水五种物质间的生克属性，为政治的嬗变提供依据，"称引天地剖判以来，五德转移，治各有宜，而符应若兹"，由此产生了自黄帝轩辕氏以降的五德终始系统。邹衍作此论的目的，司马迁说："邹衍睹有国者益淫侈，不能尚德，若《大雅》整之于身，施及黎庶矣，乃深观阴阳消息而作怪迂之变。"邹衍是齐学的代表人物，其学闳大不经，但其用意在于利用五德转移的属性警示为政者，尚德就享有德位，否则就会被替代，诚如司马迁所言："然其要归，必止乎仁义节俭，君臣上下六亲之施。"③胡适也指出邹衍的动机"要使有国人知所警戒，先《大雅》整之于身，然后可以恩及百姓"④。

五德终始说率先被秦始皇有意识地予以利用，周火德，水克火，秦居水德，这样秦政就具有了天然的合理性。但是五德终始是个动的系统，秦始皇违背了邹衍欲使君主尚德

①《左传·桓公六年》。
②《左传·庄公二十二年》。
③《史记》卷七四《孟子荀卿列传》。
④ 胡适：《中国中古思想史长编》，华东师范大学出版社 1996 年版。

的初衷,因而未能解决秦政的长久性问题,只是在名号上希望二世、三世乃至万世永远传承下去,结果到二世即亡。刘邦起自草莽,对五德终始论的利用尤为迫切,建汉后迫不及待地将汉政纳入五德体系中,以为汉承尧后,居火德,自称赤帝;或说汉承秦制,居水德,刘邦为黑帝。汉初几十年中在汉居何德上一直未有定论,反映了统治理论匮乏的状况。从实际情况看确实如此,汉承法家政治,以黄老济其苛猛,仅是权宜之计,信黄老的黄生与儒生辕辄生在景帝面前有关汤、武革命是否合理的争论,折射出政治理论空虚的事实。辕辄生援引孟子的汤、武革命论,本可作为汉代秦的合理性依据,可黄生从现世社会秩序着眼,认为"冠虽敝,必加于首;履虽新,必关于足",汤、武身为桀、纣之臣而取代之,"非弑而何也?"依此逻辑,汉代秦无合理性可言,更谈不上长久性,统治理论陷入深刻的混乱和矛盾,景帝束手无策,无法判定二者的是与非,敷衍塞责地说:"言学者无言汤、武受命,不为愚。"①这种状况正是陆贾、贾谊等的深切忧虑所在。

现实矛盾无法回避,对统治者来说,政治理论上的这种混乱和空虚状态是极其危险的,窦太后死去后,武帝当政,

①《史记》卷一二一《儒林列传》。

大规模地举贤良策问为政之方，开宗明义昭示其目的说：

> 朕获承至尊休德，传之无穷而施之罔极，任大而守重，是以夙夜不皇康宁，永惟万世之统，犹惧有阙，故广延四方之豪俊，郡国诸侯公选贤良修洁博习之士，欲闻大道之要，至论之极。①

董仲舒就在这次对策中脱颖而出。他"三年不窥园"，经过艰苦的理论努力，终于构建了天人合一而又天人感应的政治理论体系，为武帝所采纳，完成了政治设计的历史使命。

对汉政权理论上的严峻状况，董仲舒有着十分深刻的认识，认为在这个关键问题上，汉与秦别无二致，他说："昔秦受亡周之弊，而亡（无）以化之；今汉受亡秦之弊，又亡（无）以化之。夫继二弊之后，承其下流，兼受其猥，难治甚矣。"②"今汉继秦之后，如朽木粪墙矣，虽欲善治之，亡（无）可奈何。法出而奸生，令下而诈起，如以汤止沸，抱薪救火，愈甚亡（无）益也。"③他的理论集中在《天人三策》及《春秋繁露》中，《汉书·五行志》部分内容则是他天人政治学说的具

①《汉书》卷五六《董仲舒传》。
②《汉书》卷二七上《五行志上》。
③《汉书》卷五六《董仲舒传》。

体体现。天人关系是武帝策问的主题,也是董氏政治学说的核心。

董氏仍然沿用传统政治学说中"天"的概念,但非神灵意义,而具有自然和人格的双重特征,他有许多"天人相副"即自然之天与自然之人外在特征相合一的描述,荒诞的背后潜藏着理性的目的,即实现人格之天与社会之人相合一理论视点的转换,体现了以《周易》为代表的由自然观照社会的传统思维特征。"天"具有意志,为至高无上的主宰,"天者,百神之君也,王者之所尊也"①。这样,君主之上设立了一个更高的权威,君主即"天子"受天指派统理万民,所谓"王者,天之所予也"②,"唯天子受命于天,天下受命于天子"③。皇帝受天命而治万民,应对天负责,受天约束,"故号为天子者,宜视天如父、事天以孝道也"④。上天对天子的为政状况进行监察,通过符瑞或灾异昭示意志,予以臧否褒贬,此即天人感应:政治清明时,万物和顺,符瑞并出,"天下之人同心归之,若归父母,故天瑞应诚而至"⑤;反之,政治浑浊时,天降灾异警示天子,促其悔悟反省,如执迷不悟,皇天

① 董仲舒《春秋繁露·郊义》。
② 董仲舒《春秋繁露·尧舜不擅移,汤武不专杀》。
③ 董仲舒《春秋繁露·为人者天》。
④ 董仲舒《春秋繁露·深察名号》。
⑤《汉书》卷五六《董仲舒传》。

可受命于他。无道政治必废德任刑罚，"刑罚不中，则生邪气，邪气积于下，怨恶蓄于上，上下不和，则阴阳缪戾而妖孽生矣，此灾异所缘而起也"①。符瑞和灾异作为上天意志的体现，本相对而生，但为政清明是君主的本分，即使臣民进献符瑞君主也不敢忘乎所以，如光武中兴，君臣言"今天下清宁，灵物仍降，……宜令太史撰集，以传来世"，结果"帝不纳，常自谦无德，每郡国所上，辄抑而不当，故史官罕得记焉"。② 因此，文献中符瑞少而灾异多，这种状况在汉代尤为突出。

灾异是自然现象，何休《春秋解诂》说："灾者，有害于物，随事而至者；异者，非常可怪，先事而至者。"《春秋》二百四十二年中，书灾异一百二十二例，可见孔子并未把灾异归于怪、力、乱、神范围，而有其现实的意义，目的是突出春秋礼崩乐坏的政治状况。

董仲舒发掘《春秋》大义，将灾异的隐与现作为衡量君主政治状况的标尺，对策武帝说：

> 天人之征，古今之道也。孔子作《春秋》，上揆之天道，下质诸人情，参之于古，考之于今。《春秋》之所讥，

----

① 《汉书》卷五六《董仲舒传》。
② 《后汉书》卷一《光武帝纪》。

灾害之所加也;《春秋》之所恶,怪异之所施也。书邦家
之过,兼灾异之变,以此见人之所为,其美恶之极,乃于
天地流通而往来相应,此亦言天人之一端也。①

这样,灾、异超越了自然的意义,被赋予了社会、政治的
内涵,董氏说:"灾者,天之谴也;谴之而不知,乃畏之以威。
《诗》'畏天之威',殆此谓也。凡灾异之本,尽生于国家之
失,国家之失乃始萌芽,而天出灾异以谴告之;谴告之而不
知变,乃出怪异以惊骇之,尚不知畏恐,其殃咎乃至。"②天对
天子毕竟是仁爱的,昭示灾异促使天子警惕并改制更化,诚
如后汉明帝所说:"昔楚庄无灾,以致戒惧;鲁哀祸大,天不
降谴。今之动变,倘尚可救。"③君主为政之要在于适时改制
更化纠偏补弊,董仲舒以琴瑟的调谐作比,他说:"窃譬之琴
瑟不调,甚者必解而更张之,乃可鼓也;为政而不行,甚者必
改而更化之,乃可理也。当更张而不更张,虽有良工不能善
调也;当更化而不更化,虽有大贤不能善治也。故汉得天下
以来,常欲善治而至今不可善治者,失之于当更化而不更
化也。"④

---

① 《汉书》卷五六《董仲舒传》。
② 董仲舒:《春秋繁露·既仁且知》。
③ 《后汉书》卷二《明帝纪》。
④ 《汉书》卷五六《董仲舒传》。

"天"毕竟是虚幻的，政治状况归根结底反映在"民"的状况上，天视民的状况昭示意志，对天子臧否褒贬。"民"在董氏学说中占有十分重要的位置，他说："人之超然于万物之上，而最为天下贵也。"①"且天之生民，非为王也，而天立王以为民也。故其德足以安乐民者，天予之；其恶足以贼害民者，天夺之。……天明靡常，言天之无常予、无常夺。"②天命无常，但以民的状况为准则，董氏学说中"天人居于平等地位"，"而由人决定天的意义更重"。③ 得民者得其位，失民者失其政，灾异论的实质指向人文的关切，杨国荣作了深刻的揭示，他说：

> 按照通常的神学解释，灾异总是意味着天对人的惩处，而在这种关系中，人无疑是被否定的对象。与之相对，董仲舒则把灾异视为仁爱之心的体现，而人亦相应表现为被肯定的对象。在解释模式的如上转换背后，蕴涵着更深刻的观念转换：人的利益构成了天意的内在根据。所谓灾异，首先不是天对人的震慑，而是旨在促使人世的安定。换言之，天威的展示已让位于人

---

① 董仲舒：《春秋繁露·天地阴阳》。
② 董仲舒：《春秋繁露·尧舜不擅移，汤武不专杀》。
③ 徐复观：《两汉思想史》卷二，第490页，群言出版社1993年版。

文的关切。①

　　天心以民意为本,这就是董氏学说中"天人合一"的实质。为政者居天人之间,政治命运完全掌握在自己手中,只要省自励,勤政理民,就永享国祚;反之,天怒人怨,国运不保。君权是世俗权力的巅峰,董仲舒援引阴阳五行学说,以神学的迂回方式规范、约束君权,以非理性的手段实现理性的目的,旨在强化君主的人格责任,他直言不讳地对武帝说:"故治乱兴废在于己,非天降命不可得反,其所操持悖谬失其统也。"②君主的人格责任,董仲舒称为"强勉",他说:"自非大亡道之世者,天尽欲扶持而全安之,事在强勉而已矣。强勉学问,则闻见博而知益明;强勉行道,则德日起而大有功:此皆可使还至而有效者也。《诗》曰'夙夜匪解(懈)',《书》云'茂哉茂哉',皆强勉之谓也。"③因此,董仲舒把君主视为政治的中枢,君主强勉行事,垂范天下,才能政治清明,"故为人君者,正心以正朝廷,正朝廷以正百官,正百官以正万民,正万民以正四方。四方正,远近莫敢不一于正。"④

---

① 杨国荣:《善的历程——儒家价值体系的历史衍化及其现代转换》,上海人民出版社1994年版。
②《汉书》卷五六《董仲舒传》。
③④《汉书》卷五六《董仲舒传》。

需要指出的是,董仲舒以非理性的手段实现理性的目的,决定了其学说朝两个方向发展的可能性,李泽厚指出了董氏学说的这个特征,他说:"实际上,这个五行宇宙图式本身就包括理性和非理性两方面的内容和可以向不同方向发展的可能性,即强调系统的客观运转和强调神秘的天人感应。"①汉代其非理性方面片面发展,庸俗化为盛行一时的谶纬神学,对中国古代社会俗文化影响深远,从一个侧面反映了董氏学说的影响和地位。但是,认识董氏学说要将其本源与末流区分开来,认清其理性的性质。

由上所述,董仲舒天人感应而又天人合一的政治学说可归纳为两个层面:其一,君权神授。在董氏看来,天至高无上,指派天子统理万民亘古不变,现世秩序不可移易,此即"道",所谓"道之大愿出于天,天不变,道亦不变"。②"天"是自然及人格的统一体,与社会秩序相对时指自然秩序,强化后者的天经地义性,目的是"强调社会秩序(亦即王朝政治)与自然规律相联系而作为和谐稳定的整体存在的重要性"。③这样,董仲舒借阴阳五行学说解决了君权及社会秩

---

① 李泽厚:《秦汉思想简议》,载《中国古代思想史论》,人民出版社 1985 年版,第 160、150 页。

② 《汉书》卷五六《董仲舒传》。

③ 李泽厚:《秦汉思想简议》,载《中国古代思想史论》,人民出版社 1985 年版,第 160、150 页。

序的合理性问题。其二,民本观念。董仲舒以灾异为媒介,把民意通过超验的天反映出来,以此规范、约束君权,促使君主强勉为政,突出君主的人格责任。他从民本的观念出发,解决了黄生与辕辀生有关汤、武是篡逆还是革命问题上的争论,由此解决了长治久安问题。

董仲舒天人政治学说以儒家思想为主干,综合阴阳、法等而建立,通过阴阳五行论的自然宇宙论图式,使儒家的民本、内圣外王等观念得到确认和强化,同时也使"名分"观念得到强化,解决了王朝政治的合理性与长久性问题,理所当然地被武帝采纳,成为王朝统治的理论基础。

从宏观的历史过程考察,战国的变法运动预示着世卿世禄制的崩溃,秦王朝的统一则标志着新的政治秩序的建立;与此相联系,重民轻天观念的兴起意味着以天命为基础的政治理论的破产,董仲舒的天人政治学说则宣告新的政治理论的最终确立。春秋、战国诸子对未来的政治蓝图进行设计与描绘,陆贾、贾谊承其绪,至董氏才化为理论上的现实,从这个意义上说董仲舒是游士的集大成者。董仲舒学说以儒学为主干,独尊儒术之议被武帝采纳,从此游士总体上转为儒士。因此,董仲舒象征着游士的终结,儒士从此开始了与政治相结合的历程。

前已有述,"吏"构成法家政治的主干,儒士走向政治的过程就是儒士与法吏结合的过程，董仲舒的政治学说本质上反映了这一历史的内在逻辑要求，表现在如下两个方面：其一，与陆贾、贾谊见解不同，董认为法吏政治乃致乱之源。吏由宦官、富家子弟充任，选用的标准是门第及财富，而非才能与德行。他尖锐地指出："夫长吏多出郎中、中郎，吏二千石子弟选郎吏，又以富赀，未必贤也。"①据《汉书·百官公卿表》，县之令或长及所属丞、尉均为长吏，百石以下者称少吏，长吏及少吏依官秩高低而分，"师申商之法，行韩非之说，憎帝王之道，以贪狼为俗，非有文德以教训于天下也"②。秦行法吏政治，"又好用惨酷之吏，赋敛无度，竭民财力，百姓散亡，不得从耕织之业，群盗并起。是以刑者甚众，死者相望，而奸不息，俗化使然也。"③汉承秦制，刑法虽有所宽松，仍很严酷，董仲舒向武帝提出当务之急是改变法吏政治，"继治世者其道同，继乱世者其道变"④，秦亡于刑法，汉继秦后为避免重蹈覆辙，必须改弦更张，"刑者不可任以治世，犹阴之不可任以成岁也。为政而任刑，不顺于天，故先王莫之肯为也。今废先王德教之官，而独任执法之吏治民，毋乃任刑之意与？"⑤可见，董仲舒变革当世政治性质的愿望比贾谊的改德易朔论更加直白和强烈。

---

① ② ③ ④ ⑤《汉书》卷五六《董仲舒传》。

其二,比陆贾和贾谊更进一步,董仲舒提出了改变当世政治性质的具体途径——儒士参与政治。他把太学养士提高到十分重要的地位:

> 夫不素养士而欲求贤,譬犹不琢玉而求文采也。故养士之大者,莫大乎太学;太学者,养士之所关也,教化之本原也。今以一郡一国之众,对亡(无)应书者,是王道往往而绝也。臣愿陛下兴太学,置明师,以养天下之士,数考问以尽其材,则英俊宜可得矣。今之郡守、县令,民之师帅,所使承流而宣化也,故师帅不贤,则主德不宣,恩泽不流。今吏既亡(无)教训于下,或不承主上之法,暴虐百姓,与奸为市,贫穷孤弱,冤苦失职,甚不称陛下之意。是以阴阳错谬,氛气充塞,群生寡遂,黎民未济,皆长吏不明,使至于此也。①

朝廷设太学,郡县皆有学,士子普遍接受儒家教育,朝廷通过察举秀才、孝廉等科,选拔儒士入仕,充当长吏、少吏之职,改变行政主体的构成,进而改变政治的性质。所养之士出身较为低下,汉制"公卿子弟不养于太学"②,选举制度在政治上保证了以文化知识为依凭的士庶阶层逐步取代以

---

① 《汉书》卷五六《董仲舒传》。
② 马端临:《文献通考》卷四〇,浙江古籍出版社 1988 年影印本。

血缘关系为纽带的吏阶层，荡涤世卿世禄制的残余，士人与政治关系的角度折射出汉代社会变化的特征。

自董仲舒之后，一方面儒士大量走入政治，另一方面，法吏阶层本身也经历着儒学的改造，成于西汉的《急就章》说"宦学讽《诗》《孝经》《论》，《春秋》《尚书》律令文"，明确规定仕宦者必须修习儒家经典及律令，对吏的要求当然也不例外；同时，察举制也面向吏人，以儒学的标准激励吏的升迁（详论见第二章），促使吏阶层的儒化改造。这样，儒士与文吏逐渐靠近、逐渐融合，最终形成封建政治的基础，西汉后期和东汉前期的历史展示了这一过程。班固说："及仲舒对策，推明孔氏，抑黜百家，立学校之官，州郡举茂材孝廉，皆自仲舒发之。"[1]说明董仲舒不仅是汉代政治理论的建立者，也是汉代政治体制的设计者。

这里不能不提及董仲舒与司马迁的关系。

司马迁生于太史世家，根据"辩然否、通古今之道谓之士"的定义，显然属士的身份，确切说来是儒士，他生活的时代与董氏基本同时而稍后，二者都是汉代政治思想史上的标志性人物，又有着师弟授受之谊，因此二者思想上的关系不容回避。司马迁在《史记·太史公自序》中言问学于董仲

---

[1]《汉书》卷五六《董仲舒传》。

舒。董于元狩二年(前 121 年)致仕,居茂陵(近陕西兴平东南),卒年史无明载,一般认为在元狩六年(前 117 年)。司马迁于元朔二年(前 127 年)随家徙居茂陵,次年(20 岁)云游天下,两年后回归故里。从二者的行年看,司马迁的问学当在二者同居茂陵的一段时间,即董的致仕至谢世,司马迁年在廿五至廿九岁间。根据董的教育思想,学生必须"述所闻,诵所学,道师之言,仅能勿失耳"①,汉代极重师承家法的传统,董、迁思想上也应有继承关系。

董仲舒既是政治家又是教育家,他是汉代政治理论体系的建立者,提出的许多政治方案都由其弟子变为现实。司马迁作为弟子之一,也积极参与其事。主要有如下两件:其一,举行封禅大礼,履行"受命"天子的正式手续。封禅仪式由御史大夫儿宽和博士褚大制订,褚大为董氏弟子,儿宽为褚大弟子,是董氏的再传。其二,改德易历。董仲舒对策武帝时说:"故《春秋》受命所先制者,改正朔,易服色,所以应天也。"②汉初在汉德问题上争论未决,刘邦本尚赤,但又"袭秦正朔服色"③,承秦水德,处于尚赤与尚黑的矛盾中。文帝时公孙弘和贾谊主张汉代秦、土胜水,依土德改正朔、

①②《汉书》卷五六《董仲舒传》。
③《史记》卷二六《历书》。

易服色、尚赤，但遭丞相张苍的反对。文帝十五年(前 104
年)定为土德，然"改服易色事"①并未真正实行。武帝太初
元年(前 104 年)以"色尚黄，数用五"②诏告天下，定土德。
土德的确定与独尊儒术政策互为表里，标志着汉政方针的
确定。武帝颁布新历，由太史令司马迁与御史大夫壶遂主
持改历，新历以建寅之月为岁首，与夏正同，符合孔子"行夏
之时"的"为邦"③观念，于太初元年五月颁行，又称《太初
历》。与褚大、兒宽相同，司马迁把乃师的学说变为现实。

司马迁的政治思想体现于《史记》之中。《史记》的义例
是他著史心迹的祖露，而内容则是他思想的物化形式。以
下从这两方面看司马迁与乃师思想的关系。

其一，在义例上，司马迁接受董仲舒的《春秋》观，答壶
遂就以董氏语为依据：

> 余闻董生说："周道衰废，孔子为鲁司寇，诸侯害
> 之，大夫雍之。孔子知言之不用、道之不行也，是非二
> 百四十二年中，以为天下仪表，贬天子，退诸侯，讨大
> 夫，以达王事而已矣。"子曰："我欲载之空言，不如见之
> 行事之深切著明也。"夫《春秋》，上明三王之道，下辨人

①《汉书》卷二八《封禅书》。
②《汉书》卷六《武帝纪》。
③《论语·卫灵公》。

事之纪,别嫌疑,明是非,定犹豫,善善恶恶,贤贤贱不肖,存亡国,继绝世,补弊起废,王道之大者也。①

司马迁承其师说,以为《春秋》是孔子的载道之作。孔子怀抱道术周游列国,毕生栖栖惶惶,不得任用,深感载诸空言不如见诸行事之深切著明,唐司马贞《索隐》申述其意说:"孔子言我徒欲立空言,设褒贬,则不如附见当时之事。"晚年返鲁删订《春秋》,通过笔削褒贬,寓道于其中,结果不仅使《春秋》发生质的升华,由一部编年体史书升格为经书,更重要的是,孔子之"道"凭借《春秋》之"器"传承下来,古代史书由此被赋予了以器传道的特殊文化功能,孔子本人也由生前负策不遇的窘况升格为统治精神世界的"素王"。司马迁以五百年后孔子自居,将《史记》的撰著比诸孔子删订《春秋》,反映出他对史书特殊文化功能的认识,这种认识又源于他对当世政治理论及统治现状的深切关注。

如前所述,董仲舒的天人政治学说以儒学为主干,强化民本观念,强调君主的人格责任,但武帝崇尚刑法,大肆兴兵事四夷,嗜好方术仙道,也就是说,武帝虽然采纳了董仲舒的天人政治学说,但在实践中与之发生背离,由此带来严重的政治后果,滋生了大量的社会弊端,司马迁在《史记·

---

① 《史记》卷一三〇《太史公自序》。

平准书》中说：

> 自是之后，严助、朱买臣等招来东瓯，事两越，江、淮之间萧然烦费矣；唐蒙、司马相如开路西南夷，凿山通道千余里，以广巴、蜀，巴、蜀之民罢（疲）焉；彭、吴、贾灭朝鲜，置沧海之郡，则燕、齐之间靡然发动；及王恢设谋马邑，匈奴绝和亲，侵扰北边，兵连而不解，天下苦其劳，而干戈日滋。行者赍，居者送，中外骚扰而相奉，百姓抏蔽以巧法，财赂衰耗而不赡。入物者补官，出货者除罪，选举陵迟，廉耻相冒，武力进用，法严令具，兴利之臣自此始也。

南面江淮、西南巴蜀、东南燕齐、北地诸郡，可以说溥天之下都深受兵戈之害，武帝好事兴作，耗费无度，导致财力枯竭。为弥补用度不足，朝廷大开兴利之路，如卖武功爵、造皮币、入谷补官等，社会经济基础遭到破坏，政治陷入恶性循环。

如董仲舒所说，民处境的恶化意味着政治根基的动摇，为政之要在于改弦更张，补弊起废，君主自身要"强勉"行事。但董氏学说是政治哲学，不免行而上化，实际效能和社会影响自然受到限制。司马迁居太史之职，深谙社会弊害，通晓古今成败兴衰之道，于是仿效孔子，将董氏之道见诸行事，从历史的通变中阐明成败的道理。"本纪"可说是一部政治兴衰史,他自述作本纪的目的:"网罗天下放失旧闻,王迹所兴,原始察终,见盛观衰,论考之行事,略推三代,录秦汉,上记轩辕,下至于兹。"①记录自轩辕至武帝朝的治乱兴衰史迹。他十分强调承弊通变的重要性,作"八书"为了反映"礼乐损益,律历改易,兵权山川鬼神,天人之际,承弊通变"②,他认为自古以来的政治史就是"承弊易变"的过程:

> 夏之政忠。忠之弊,小人以野,故殷人承之以敬;敬之弊,小人以鬼,故周人承之以文;文之弊,小人以僿,故救僿莫若以忠。三王之道若循环,终而复始,周秦之间,可谓文弊矣,秦政不改,反酷刑法,岂不谬乎!故汉兴,承弊易变,使人不倦,得天统矣。③

救周之弊在忠,即笃本务实,涵养根基,秦用刑法违此理故亡;汉承秦兴,清静无为,与民休息,故得天统(即合民情)。武帝又大事兴作,崇尚刑法,结果必然重蹈亡秦覆辙,此中"微言"实是武帝盛世"危言",促其警醒。

其二,在内容上,《史记》"究天人之际,通古今之变",对董氏天人政治学说进行史学的阐释。如前所述,董氏学说包括君权天授和民本观念两个层面,司马迁对这两个层面

---

① ②《史记》卷一三〇《太史公自序》。
③《史记》卷八《高祖本纪赞》。

进行了充分的史学论证。

首先，司马迁认为自夏以降的历史就是"有道伐无道"的历史，亦即皇天"再授命"的历史。夏末"桀不务德而武伤百姓，百姓弗堪"，"汤修德，故诸侯归汤"。① 夏亡，"汤乃改正朔，易服色，上白，在朝以昼"。末世纣无道，臣祖伊谏说天将弃殷，"天既弃我殷命"，纣答说："我生不有命在天乎！"治乱兴废在于己，纣不思补救，其亡便指日可待，祖伊因此说"纣不可谏矣"。② 武王克殷，自命替天行道，以受命天子自居，"膺更大命，革殷，受天明命"。末世幽王荒淫无道，伯阳甫意识到"周将亡矣"，"天之所弃，不过其纪"③，预言周不出十年即亡。

秦代周而兴，以西面僻远小国包举宇内，囊括天下，司马迁认为得天命，诸侯国中唯独将秦列本纪。但秦承周弊而不知变更，旋即被天抛弃，继之陈涉首难，项、刘起兵。秦德不再，上天再授命，司马迁认为陈、项、刘都是适逢其时承顺天命的人物，他说：

> 太史公读秦汉之际，曰：初作难，发于陈涉；虐戾灭秦，自项氏；拨乱诛暴，平定海内，卒成帝祚，成于汉家。

---

①《史记》卷二《夏本纪》。
②《史记》卷三《殷本纪》。
③《史记》卷四《周本纪》。

五年之间,号令三嬗,自生民以来,未始有受命若斯之亟也。①

他在这里明确地指出陈、项、刘都承有天命,由于各种历史机缘,三者所起的历史作用及归宿也不相同,陈、项中途夭折,失却天命;刘邦建立汉祚,登上皇位。可见,司马迁对刘汉政权的认识超越了宿命论,将其看作古今政治链条中的一环,国祚的长短取决于为政者自身,与乃师董仲舒的政治观同出一辙。在这个意义上,能进一步领会《史记》将陈涉列为世家、项羽列为本纪的深刻含义。

其次,司马迁强调君主的人格责任,强调为政之要在补弊起废,及时改弦更张。与乃师相同,他认为灾异作为上天的意志,隐与现取决于人为,实际上成了衡量君主政治状况的标尺。他精当地指出:"然其(灾异)与政事俯仰,最近天人之符。"根据这一理论,司马迁厘定了政治的等次:"太上修德,其次修政,其次修救,其次修禳,正下无之。"②为政的关键在于及时修复补救,君主强勉不懈,出现弊乱后,不自省自励、补弊起废,反而祭祀禳祈,这是本末倒置的最下等政治,而恰是武帝时期的状况。司马迁长期随武帝巡行天

①《史记》卷一六《秦楚之际月表序》。
②《史记》卷二七《天官书》。

下，对武帝迷信仙道方术感受尤深，作《孝武本纪》就是为了记述"今上""尤敬鬼神之祀"的状况：

> 太史公曰：余从巡祭天地诸神名山川而封禅焉。入寿宫侍祠神语，究观方士祠官之言，于是退而论次自古以来用事于鬼神者，具见其表里。后有君子，得以览焉。至若俎豆珪币之详，献酬之礼，则有司存焉。①

联系到司马迁对修政治的评判及对武帝修政治的突出记载，他对武帝时政治的批判可谓苦心孤诣，用意在促使武帝改弦易辙，由此决定了《史记》鲜明的现实性和针对性，这也是司马迁自命为五百年后孔子、把《史记》之作比拟于孔子删订《春秋》的根本含义所在。清代史学家章学诚揭示了二者的密切关系："天人性命之学，不可以空言讲也，故司马迁本董氏天人性命之说而为经世之书。"②

总之，董仲舒天人政治学说着眼于建立政治秩序，重在政治伦常和社会制度，呈现出性质上的正统性和学术上的行而上性；司马迁的史学重在从历史的兴替通变中阐述成败兴亡的道理，对乃师学说进行史学的阐释，强化民本

---

① 《史记》卷一二《孝武本纪》。
② 章学诚：《文史通义·浙东学术》。

观念,突出君主的人格责任,呈现出性质上的民本性和学术上的行而下性。汉代思想史上的两位重要人物,本质上具有同一性,个体上表现出差异性,正反映了历史的一般规律。

第二章 "独尊儒术"后的士人与政治

（昭帝—新莽）

汉武帝采纳董仲舒"独尊儒术"建议后，士人总体上开始转变为儒士，朝廷通过设太学郡县学培养大批儒士，又通过察举制吸纳大量儒士进入仕途。唯上智与下愚不移，儒士自然属于"上智"阶层，由于儒士身份、角色转变上的迟缓性，自昭帝至新莽这段时间内，儒士在实际政治中仍处于从属的地位，文吏依然占主导地位，"以经术润饰吏事"或"以儒雅缘饰法律"成了该时期士人与政治关系的基本特征。另一方面，在意识形态上董仲舒的天人政治学说成为士人的价值标准，决定了他们的价值取向，对西汉王朝的政治结局也产生了重要影响。

一 "以经术润饰吏事"：儒士处于从属地位

武帝以前,法家政治的独断性质使文吏垄断政治,儒士无缘仕进,司马迁叙述这段历史的情形说:"故汉兴,然后诸儒始得修其经艺……然尚有干戈,平定四海,亦未暇遑庠序之事也。孝惠、吕后时,公卿皆武力有功之臣;孝文时颇征用,然孝文帝本好刑名之言;及至孝景,不任儒者,而窦太后又好黄老之术,故诸博士具官待问,未有进者。"这种状况在武帝时发生了变化,董仲舒倡言兴太学养士,他的弟子公孙弘明确地以"民"为选择对象,以"好文学,敬长上,肃政教,顺乡里"为选择的标准,以改变"小吏寡闻,不能究宣,无以谕下"的状况为目的。儒士数量剧增,儒士进入政治的正规渠道建立起来,"自此以来,则公卿大夫士吏斌斌多文学之士矣"①。汉代儒士仕进的途径很多,重要者有三,马端临说:"按汉制,郡国取士,其目大要有三:曰贤良方正也、孝廉也、博士弟子也。"②下面逐一论述。

一是贤良方正。该科目的诏举始于文帝二年(前 178

---

① 《史记》卷一二一《儒林列传序》。
② 马端临:《文献通考》卷二八。

年），劳幹认为是汉代察举士人为官吏的开端。① 但贤良方正并非儒家标准，法家亦言贤，《韩非子·五蠹篇》："且世之所谓贤者，贞信之行也。"所察举的也并非贤士，文帝虽用儒士，但好刑名之言，文帝十五年（前 165 年）所举贤良方正晁错即在其中。建元元年（前 140 年），"丞相所举贤良或治申、商、韩非、苏秦、张仪之言，乱国政，请皆罢，奏可"②。从这年开始，贤良方正才成为以儒学为标准的选举科目。

贤良方正并非常设科目，"汉诸帝凡日蚀、地震、山崩、川竭，天地大变，皆诏天下郡国举贤良方正极言直谏之士，率以为常"③。由天子亲自主持策问，故诸科之中"以贤良方正为至重"④。检索《汉书》帝纪，西汉诸帝都有诏举贤良方正的记载，文帝 2 次（二年、十五年）、武帝 2 次（建元元年、元光元年）、昭帝 2 次（始元元年、五年）、宣帝 3 次（本始四年、地节三年、神爵四年）、元帝 1 次（永光二年）、成帝 3 次（建始二年、三年，元延元年）、哀帝 1 次（元寿元年），共 14 次。举荐的范围也不断扩大，文帝时下令由三公举荐，武帝扩展到

---

① 劳幹：《汉代察举制度考》，《历史语言研究所集刊》第 17 册，中华书局 1987 年影印本。
② 《汉书》卷六《武帝纪》。
③ 杜佑：《通典》卷一三，浙江古籍出版社 1988 年影印万有文库《十通》本。
④ 徐天麟：《东汉会要》卷二六《选举上》，中华书局 1955 年重印商务印书馆"国学基本丛书"本。

列侯、郡守(中二千石、二千石)、诸侯相等荐举,昭帝更明确规定各郡国举荐的名额。这样,被举荐的人数不断增加,昭帝时"臻者六十余人,怀六艺之术,聘意极论"①。与博士传统的顾问性质不同,贤良方正对朝廷大政方针发表评论。

值得注意的是贤良方正诏举的对象。赵翼注意到"贤良方正茂才直言多举现任官",他说:"汉时贤良方正等人,大抵从布衣举者甚少,今见于各列传者,贤良推公孙弘由布衣起。"②据学者统计,西汉 17 名贤良文学中,9 名为吏员出身③,如董仲舒为博士、冯唐为骑都尉、王吉为云阳令、贡禹为凉州刺史、杜钦为武库令、朱云为槐里令、孔光为议郎、盖宽饶为郎、陈咸为九卿等。说明贤良方正面向儒士和文吏两个阶层,既选拔儒士入仕,又以儒学的标准激励文吏的升迁,促使文吏阶层儒化,实际上文吏的儒化比儒士的政治职能化要快捷得多。贤良方正于诸科之中地位最重要,在汉代的人才选拔制度中具有示范和导向作用,反映了西汉以儒化法政策的实质。因此,把西汉的贤良方正等科称作选士制度是不够确切的,因为选举的对象不仅仅是士,称作选

① 桓宽:《盐铁论·刺复》,王利器《盐铁论校注》本,天津古籍出版社 1983 年版。
② 赵翼:《廿二史札记》卷二,王树民《廿二史札记校注》本,中华书局 1984 年版。
③ 高卫星:《西汉吏道简论》,《郑州大学学报》1993 年第 5 期。

举制度才符合历史的实际。

不论原始身份是吏还是士，经过儒学标准选拔的贤良方正都具有儒学的意识，他们走入政治对传统的法吏政治产生重要影响，昭帝时召开的盐铁会议就充分展示了这种影响。

盐铁会议举行于昭帝始元六年（前 81 年），一方以御史大夫桑弘羊为首，还有御史、丞相史等；另一方是贤良文学，有贤良唐生，文学万生、朱子伯、刘子雍、祝生等 60 余人，宣帝时庐江太守桓宽根据会议记录整理而成的《盐铁论》系统地反映了双方讨论的情况。从记载看，会议围绕两个主题展开：其一，以盐铁、均输、酒榷等官营财政经济的兴废为主题，贤良文学主张罢去，桑弘羊反对；其二，以是否抗击匈奴为主题，贤良文学反对对匈奴继续用兵。讨论的议题实际上超过此范围，可以说是贤良文学对当时法家政治的一次全面检讨。昭帝即位，大将军霍光主政，"遂遵武帝法度，以刑罚痛绳群下，由是俗吏尚严酷以为能"①。吕思勉评论说："一读《盐铁论》，则知桑弘羊之所持，纯为法家之说矣。"②值得注意的是，会议以贤良文学的胜利而告终，朝廷罢郡国酒

_____

① 《汉书》卷八九《循吏传》。
② 吕思勉：《吕思勉读史札记》，上海古籍出版社 1982 年版，第 648 页。

榷和关内盐铁,并任贤良文学为列大夫,对匈奴战事也告歇息。有学者认为盐铁会议是儒士阶层走入政治舞台的标志,也是法家政治正式转轨的标志,由纯粹的法家政治走入"霸王道杂之"的汉家政治模式①,这种看法是颇有见地的。当然,对当时儒士的政治作用尚不能估计过高,但儒者阶层第一次作为政治群体与丞相、御史大夫讨论国是大政,"辩者骋其辞,断断焉,行行焉"②,表现出自身的政治品格与独立见解,正说明儒士走入政治及日益增长的政治影响。

盐铁会议上儒士与文吏面对面的交锋,可说是汉代士、吏矛盾冲突的缩影。儒士批判文吏的刻薄寡恩,对法家的文吏标准表示质疑,文学说:"所贵良吏者,贵其绝恶于未萌,使之不为非,非贵其拘之囹圄而刑杀之也。今之所谓良吏者,文察则足以祸其民,强力则以厉其下,不本法之所由生,而专己之残心。"(《盐铁论·申韩》)因而指出:"故吏不以多断为良"(《盐铁论·周秦》),"残贼民人而欲治者,非良吏也"(《盐铁论·大论》)。很显然,贤良文学的"良吏"标准是要具备人文教养,《史记》与《汉书》的《循吏传》中的"循吏"便是良吏的楷模。同时,文吏也指出儒士"能言不能行"

---

① 周乾溁:《对盐铁会议的重新估计》,《天津师大大学报》1991 年第 6 期。
②《汉书》卷六六。

的缺陷,大夫说:"文学能言不能行,居下而讪上,处贫而非富,大言而不从,高厉而行卑,诽誉訾议以要名采善于当世。"①丞相史引晏子言说:"儒者华于言而寡于实,繁于乐而舒于民,久丧以害生,厚葬以伤业,礼烦而难行,道迂而难遵,称往古而訾当世,贱所见而贵所闻。"②应该说,士、吏的互相攻讦都直指对方要害,而且也是现实政治中双方所着力回避的。有矛盾才有统一,事实上双方在攻讦中取长补短,逐步走向融合。

二是孝廉。"孝廉"一科的称谓,历来并不统一,有认为孝、廉分为二科者(劳幹《汉代察举制度考》),有认为孝廉之外另有"廉吏"科者③。本文不拟对此考证,认为孝廉作为汉代选举的重要科目,与贤良方正科相同,体现了汉代以儒化法政策的实质。选举的对象是儒士和下层属吏,由两汉文献中孝廉常与力田、三老等基层属吏同称可以看出。"孝"为立身之本,自然是儒士入仕的标准;"廉"为从政之则,是下层属吏的升迁标准。孝廉的举主是郡国守相,一方面将儒士充实到郡国行政机构之中,另一方面以儒学标准改造中下层属吏,这样以儒化法就会在社会的中下层扎实地展

①② 桓宽:《盐铁论·论诽》。
③ 阎步克:《察举制度变迁史稿》,辽宁大学出版社1994年版。

开。因此,孝廉虽不比贤良方正科重要,选举人数却最多,徐天麟认为"得人之盛,则莫如孝廉"①,所起的作用同样不可低估。

在现实政治运作中,下层属吏直接与百姓接触,兵刑钱谷都由他们掌管,也最易作奸犯科,激化社会矛盾,确如北宋苏洵对仁宗所说:"州县之吏,位卑而力薄,然去民最近,易于为奸。"②汉承法家政治,法吏以苛察刻削为能,寡恩少义,就连跟随刘邦南征北战的开国功臣也对他们敬畏三分,周勃说:"吾尝将百万之众,今始知狱吏之贵。"③李广"不能复对刀笔吏,因自刭"④;《汉书·周亚夫传》:"吏侵之益急……亚夫欲自杀,其夫人止之,以故不得死,遂入廷尉。因不食五日,呕血而死。"对地位显赫的功臣将领尚且如此,对一般百姓的刻削状况就可想而知了。因此,汉武帝推行"长者政治",作为一时权衡之计,对吏有一定的约束作用,但绝非治本之策。文帝十二年(前168年)下诏奖掖廉吏,成为察孝廉制的先声:

> 孝悌,天下之大顺也;力田,为生之本也;三老,众

① 徐天麟:《东汉会要》卷二六《选举上》,上海古籍出版社1978年版。
② 苏洵:《嘉祐集》。
③ 《汉书》卷四〇《周勃传》。
④ 《汉书》卷五四《李广传》。

民之师也;廉吏,民之表也。……今万家之县,云无应令,岂实人情?是吏举贤之道未备也。其遣谒者劳赐三老、孝者帛人五匹,悌者、力田二匹,廉吏二百石以上率百石者三匹。(师古注:自二百石以上,每百石加三匹。)①

汉制:"万户以上为令,秩千石至六百石,皆为丞、尉。秩四百石至二百石者,是为长吏。百石以下有斗食、佐史之秩,是为少吏。"②可见,文帝奖掖良吏以二百石以上的"长吏"为范围。

武帝采纳董仲舒之言,设孝廉科,仍面向基层,旨在教化百姓,移风易俗。元朔元年(前128年)下诏议不举者罪,有司奏议说:"今诏书昭先帝圣绪,令二千石举孝廉,所以化元元、移风易俗也。不举孝,不奉诏,当以不敬论;不察廉,不胜任也,当免。"③移风易俗即改变法吏政治下的社会风气,着眼于基层政治的改变。这种情形在宣帝时又发生了变化,规定六百石以上不得举孝廉,被举属吏的范围更为缩小、更加基层化,表明了对基层属吏儒化改造力度的加大。宣帝黄龙元年(前49年)下诏说:"举廉吏,诚欲得其真也。

①《汉书》卷四《文帝纪》。
②《汉书》卷一六九上《百官公卿表上》。
③《汉书》卷六《武帝纪》。

吏六百石位大夫,有罪先请,秩禄上通,足以效其贤材,自今以来毋得举。"①韦昭注说:"吏六百石者不得复举为孝廉也。"被举属吏层次下移,说明对法吏阶层的儒化改造的彻底性,加之大批儒士进入政治基层之中,适合封建统治需要的政治基础逐渐形成。

劳幹先生对《汉书》举孝廉的材料进行了细致的爬梳和罗列②,据此可以看出孝廉科选举人才的具体状况,从原始身份上分为两类:

由吏察举孝廉者:《赵广汉传》:"举茂才,平准令,察廉为阳翟长。"《张敞传》:"本以卿有秩补太史卒史,察廉补甘泉仓长。"《萧望之传》:"以御史属廉补不其丞……察宣廉迁乐浪都尉丞。"《朱博传》:"时诸陵属太常,博以太常察廉补安陆丞。"《严延年传》:"延年察吏廉,有臧不入身,延年坐选举不实,贬秩。"《尹赏贬》:"以郡吏察廉为楼烦长。"《路温舒传》:"署决曹史,又受《春秋》通大义,举孝廉,为山邑丞。"

由儒士举孝廉者:《王嘉传》:"以明经射策甲科为郎,免。……光禄勋于永察为掾,察廉补南陵丞,复察廉为长陵尉。"《平当传》:"以大鸿胪文学察廉为顺阳长、枸邑令。"《王

---

① 《汉书》卷八《宣帝纪》。

② 劳幹:《汉代察举制度考》,《历史语言研究所集刊》第 17 册,中华书局 1987 年影印本。

吉传》："少时学明经以郡吏举孝廉为郎。""初吉通五经……好梁丘贺说《易》，令子骏受焉，骏以孝廉为郎。"《盖宽饶传》："明经为郡文学，以孝廉为郎，举方正，对策高第，迁谏大夫。"《刘辅传》："河间宗室也，举孝廉为襄贲令。"《杜邺传》："其母张敞女，邺壮，从敞子吉学问，得其家书，以孝廉为郎。"《师丹传》："治《诗》，举孝廉为郎。"《京房传》："治《易》以孝廉为郎。"《孟喜传》："从田王孙受《易》……举孝廉为郎，曲台署长。"

从上所列，西汉由吏察孝廉者9人，由儒士察孝廉者10人，二者基本均衡。举孝廉后所任职务，原为吏者，大都迁吏、长，惟有萧望之在朝廷为吏，察廉后"为太常治礼丞"；而儒士被举后大都初任郎官，大抵不出董仲舒之论，继而出任长吏，如平当、刘辅、孟喜等。总之，孝廉科面向儒士和基层属吏，入仕后大都任长吏、少吏，对中下层统治者的儒化改造影响深远。劳榦精当地总结说："孝廉的任用是被举以后便以在郎署为主，在内由尚书郎迁尚书、侍中、侍御史，在外则为令、长、丞、尉，再迁为刺史和太守。所以孝廉一科在汉代极清流之目，而为主要官吏的正途的。"[①]

[①] 劳榦：《汉代察举制度考》，《历史语言研究所集刊》第17册，中华书局1987年影印本。

三是博士及博士弟子。马端临所说汉代"郡国举士"三科之中,贤良方正与孝廉科已如前述,并非纯粹"举士"科,只有博士弟子名副其实地面向儒士,但其本身并非举士科目,入太学为了通经,而通经是入仕的根本途径。实际上汉代有大批儒士是凭借太学而通经入仕的。

博士仍属顾问性质,且数量有限,据学者统计,西汉一代姓名可考或有名佚姓的博士仅百余人,清代胡秉虔《汉西京博士考》辑录西汉博士110人。主要职责教授太学生、议职礼、奉使巡行等,"于外则为郡国守相,或为诸侯王太傅,或为部刺史州牧,或为县令"①。博士中官至丞相赐爵封侯者亦有数人,如韦贤、匡衡、张禹、翟方进、孔光等,但细究起来,他们并非以儒术显,而是兼通文法吏事的"通明相"。可见,博士的影响主要在意识层面,实际政治影响仍然有限。

武帝设太学,规模越来越大,养士越来越多,昭帝时博士弟子员满百人,宣帝末增至二百人。"元帝好儒,能通一经者皆复,数年,以用度不足,更为设员千人。"②成帝末弟子员达三千人,王莽时为士人筑舍万区,网罗更以万计。汉制公卿子弟不养于太学,"西汉贵族弟子入太学,见载者仅有

---

① 王国维:《汉魏博士考》,《王国维遗书》第一册。
②《汉书》卷八八《儒林列传序》。

名将冯奉世之子冯野王一人，但其为官仍'以父任为太子中庶子'，而非通过课试"①。太学为出身庶民的士子提供了广阔的天地，借此可以跻身仕途，弟子员来自庶民阶层，家境贫寒，佣资继学，十分普遍。著名者如兒宽为太学生时，"贫无资用，尝为弟子所养"②。匡衡也如此，"家贫，庸（佣）作以供资用"③。萧望之"家世以田为业"④；翟方进"家世微浅"，其母"织履以给方进读"⑤。如此等等，不胜枚举，这些人大都走通经入仕之路，其中不乏位至公卿者。需要指出的是，入仕后职位的高低往往并不取决于儒术，而相当程度上由实际办事能力（即吏能）决定，位至公卿者的经历清楚地反映了这一点。

儒士之不同于文吏，在于以儒术仕进，而非文吏以任子、富赀进，选举制度是儒士仕进的制度保障，因此考察选举制度对于考察士人与政治的关系至为重要。通过对以上三个主要科目的考察，可以得出如下两点认识：其一，汉代的选举制度反映了以儒化法的实质，既注重对儒士的吸纳，又注意对文吏阶层的改造，因此称选举制度为选士制度并

---

① 汤志钧：《西汉经学与政治》，上海古籍出版社1994年版。
②《汉书》卷五八《兒宽传》。
③《汉书》卷八一《匡衡传》。
④《汉书》卷七八《萧望之传》。
⑤《汉书》卷八四《翟方进传》。

不确切,察举面向儒士和文吏两个阶层。其二,武帝时汉政模式的确立,儒士和文吏都面临着重新适应的问题,士习吏能,吏学儒术,儒士与文吏在适应性上存在着明显的差异。儒士虽走入政治,"君子不器"的观念使得他们适应性迟缓,而文吏的务实性使得他们适应快捷,在一迟一快之间,决定了儒士政治地位的从属性,出现"儒者寂于空室,文吏哗于朝堂"①的局面,朝堂之上"文吏在前,儒者在后"②,儒术及儒士处于"缘饰"地位,"以经术润饰吏治"或"以儒雅缘饰法律"构成武帝至新莽士人与政治关系的基本特征。上述两点中第一点上文已作了详细论述,下面对第二点作进一步说明。

汉承秦法家政治,武帝独尊儒术,确立了"霸王道杂之"的汉政格局,霸道在前,王道在后,即使武帝时也是这样,"时张汤为廷尉,廷尉府尽用文史法律之吏"③;继之者昭帝"以刑罚痛绳群下,由是俗吏上严酷以为能"④;宣帝"所用多文法吏,以刑名绳天下"⑤,"不堪从儒术,任用法律"⑥。宣帝教导太子(后为元帝)的名言是汉家政治性质的最完整表述。《汉书·元帝纪》载:

①②《论衡》卷一二《程材》。
③《汉书》卷五八《兒宽传》。
④《汉书》卷八九《循吏传》。
⑤《汉书》卷九《元帝纪》。
⑥《汉书》卷七八《萧望之传》。

（太子）柔仁好儒，见宣帝所用多文法吏，以刑名绳下。……（太子）尝侍燕（宴）从容言："陛下持刑太深，宜用儒生。"宣帝作色曰："汉家自有制度，本以霸王道杂之，奈何纯任德教，用周政乎？且俗儒不达时宜，好是古非今，使人眩于名实，不知所守，何足委任！"乃叹曰："乱我家者，太子也。"由是疏太子而爱淮阳王（刘钦），曰："淮阳王明察好法，宜为吾子。"

元帝当政后，雅好儒学，儒士的政治地位有所提高，此时距西汉亡不足五十年，政治局势每况愈下，汉廷又希图依靠法术挽救颓势，哀帝"长好文辞法律"，政治"以则武、宣"①，自然不见效果，刘汉王朝反被以儒术自我标榜的王莽取代了。

一方面，文吏仍是政治的中坚；另一方面，由上宣帝之言可知，"俗儒"的"不达时宜"即儒士身份转换的迟缓限制了自身的地位及影响，决定了政治上的从属性。刘邦君臣多为秦吏，他本人为泗水亭长，萧何为沛主吏，曹参为沛狱，周昌、周苛为泗水卒史，郦食其为里监门吏，夏侯婴曾试补县吏。文、景信黄老，不用儒者，两朝共有丞相9人，除两人身份不详、周亚夫以父任子为官外，其余6人皆任过吏职，

①《汉书》卷一一《哀帝纪赞》。

仅陈平一人读书好文。近臣之中,仅有贾谊为大儒①,但遭周勃、灌婴的排挤,未被重用,抑郁早逝。晁错虽以贤良方正选,以文学为太常掌故,但主申商刑名之说。

细究政治上有作为的儒者,固然得益于儒术,但起决定作用的并非儒术,而是吏能。这批人大都为吏出身,有干练的办事之才,辅之以儒术,自然显贵通达,公孙弘就是其中代表,具有象征意义。他"以春《秋》白衣为天子三公,封以平津侯,天下之学士靡然向风"②。但公孙弘少为狱吏,年四十才学《春秋》杂说,擅文法吏事,兼通儒术,"于是上(武帝)察其行慎厚,辩论有余,习文法吏事,缘饰以儒术,上说(悦)之,一岁中至左内史"③。缘饰,颜师古注:"譬之于衣,加纯缘者",于意甚切。本质上看,公孙弘正是"霸王道杂之"政治所需要的标准人才,称为"循吏"。《汉书》卷八九《循吏传》序:"(武帝)时少能以化治称者,惟江都相董仲舒、内史公孙弘、兒宽,居官可纪。三人皆儒者,通于士务,明习文法,以经术缘饰吏事,天子器之。"三者称循吏,因"通于世务,明习文法",董、兒出身儒士,董仲舒以对策为江都相,兒宽以射策为掌故,"补廷尉文学卒史"④。但就政治地位和实

---

① 高卫星:《西汉吏道简议》,《郑州大学学报》1993 年第 5 期。
②③《汉书》卷五八《公孙弘传》。
④《汉书》卷五八《兒宽传》。

际影响而言,二者与狱吏出身的公孙弘相较差距甚大,董言政下狱几乎致死,后为胶西王相,"及去位归居,终不问家产业,以修学著书为事"①。兒宽的处境更为蹙迫,史载:

> 时张汤为廷尉,廷尉府尽用文史法律之吏,而宽以儒生在其间,见谓不习事,不署曹(张宴曰:"不署为列曹也。"),除为从史(师古曰:"从史者,但只随官僚,不主文书。"),之北地视畜数年。

具有讽刺意味的是,兒宽后来得到酷吏张汤的任用,成了张汤吏治的"缘饰"。武帝提倡儒学,身为廷尉的张汤当然也"以经术润饰吏事",《汉书》卷五九《张汤传》载:"是时,上方向文学,汤决大狱,欲傅古义,乃请博士弟子治《尚书》《春秋》,补廷尉史,平亭疑法。"兒宽治《尚书》,就被张汤置于廷尉府中,"以宽为奏谳掾,以古法义决疑狱,甚重之。及汤为御史大夫,以宽为掾,举侍御史"②。就连酷吏如张汤也用儒士作为缘饰,可见其政治适应性。兒宽与司马迁、褚大皆为董仲舒弟子,制订《太初历》及封禅礼、明堂仪法等,实际上成了武帝的缘饰。兒宽对陈封禅礼后,"上然之,乃自制仪,采儒术以文焉"③。文者,文饰之谓也。

---

① 《汉书》卷五六《董仲舒传》。
②③《汉书》卷五八《兒宽传》。

可见,董仲舒和兒宽是作为儒士缘饰法家政治而被视为循吏的,而吏出身的公孙弘以儒术缘饰自己。董、兒的传统儒士身份实际上尚未转换,影响还局限于"轨德立化"的方面,而公孙弘则是文吏儒化的典范性人物。董、兒与公孙弘在实际政治中的差异大体上反映了西汉后期儒士与文吏关系的状况。

丞相处一人之下,万人之上,地位显贵,丞相的任用也是社会政治势力的反映。下面考察武帝以后丞相的任用状况,进一步探究士人的政治地位。据《汉书》卷一九下《百官公卿表下》统计,武帝至平帝丞相32人,其中孔光于成、哀朝二度任相,各代丞相中儒者、非儒者人数、所占百分比及在政时间大体如下表:

皇帝	在位时间	丞相状况						
		总人数	儒者				非儒者	
			人数	所占百分比	在政时间	所占百分比	人数	在政时间
武	54	12	1	8.3%	3	5.5%	11	51
昭	13	3	1	33%	1	7.6%	2	12
宣	25	5	1	20%	4	16%	4	21
元	16	2	2	100%	10	62.5%		6
成	26	5	3	60%	15	57.6%	2	11
哀	6	5	3	60%	4	66.6%	2	1
平	5	1	1	100%	5	100%		

从表中看，相对于儒相人数而言，在政时间是更重要的考虑因素，时间的长短决定了儒者的政治地位和影响。以此为依据，元帝朝是转折点，元帝后儒相在位时间与非儒相相比已取得优势，但尚不能就此得出结论说宣帝"乱我家者，太子也"之言得到了应验，因为：其一，西汉后期自元、成始，外戚势力日益膨胀，利用儒士作为其扩张政治影响的工具，至王莽达到极致。换句话说，自成帝始西汉儒化法政治的发展受外戚势力的干扰而偏离常态，元帝以后儒相人数及在位时间剧增就反映了这种状况。其二，相对于儒相人数及在政时间，儒相为政的具体实践则是了解儒士政治特征的关键，仍不出"以经术润饰吏事"的格局。儒相之中，以成帝朝翟方进在政时间最长，达8年之久；孔光在成帝和哀帝朝两度为相，属绝无仅有。下面以他们为代表考察儒相的为政方略。

翟方进，家世微贱，"方进年十二三，失父孤学，给事太守府为小史"①。可见他先有任吏的经历，后厌倦吏事，至京师跟随博士受《春秋》，生计窘迫，其母织履以给，"积十余年，经学明习，徒众日广，诸儒称之，以射策甲科为郎，二三岁，举明经，迁议郎"②。任职后，严刑峻法，为京兆尹时搏击

①②《汉书》卷八四《翟方进传》。

豪强,京师畏恐,任相后仍如此:

> 为相公洁,请托不行郡国,持法深刻,举奏牧守九
> 卿,峻文深诋,中伤者尤多。如陈咸、朱博、萧育、逢信、
> 孙闳之属,皆京师世家,以材能少历牧守列卿,知名当
> 世,而方进特立后起,十余年间至宰相,据法以弹咸等,
> 皆罢退之。①

翟方进长居相位的奥秘,班固明确地点了出来,他说:"方进
知能有余,兼通文法吏事,以儒雅缘饰法律,号为通明相,天
子甚器重之。"②所谓"通明相",既通儒术,又晓文法吏事,后
者更为重要,以儒术作为法律的缘饰,翟方进与公孙弘纯属
一路人。

孔光,孔子十四世孙。其父孔霸,以治《尚书》闻名,昭
帝末为博士,宣帝时为太中大夫。霸有四子,孔光为最少
子,"经学尤明"。"是时,博士选三科,高为尚书,次为刺史,
其不通政事,以久次补诸侯太傅。"孔光被选为高第,可见他
通政事,"光以高第为尚书,观故事品式,数岁明习汉制及法
令"。孔光两居相位的奥秘班固也点了出来:"光久典尚书,
练法令,号称详平。"孔光虽为儒士出身,但练达法令,在执
法上有儒术的缘饰,故能"详平",即不似法吏那样峻峭刻

---

①②《汉书》卷八四《翟方进传》。

薄,在对定陵侯一案的处理上得到充分体现。案发前,淳于长先后遗弃小妾六人,他犯大逆罪被诛,有司要株连六妾,孔光表示反对,他说:

> 大逆无道,父母妻子同产无少长皆弃市,欲惩后犯
> 法者也。夫妇之道,有义则合,无义则离。长未自知当
> 坐大逆之法,而弃去乃始(妾名),或更嫁,义已绝,而欲
> 以为长妻论杀之,名不正,不当坐。①

夫妇以义合,孔光的"义"显然是儒学含义的。在该案的论处上,援引儒术,避免了纯粹法吏的刻薄严酷,更切合人文的精神。这个案例具有典型性意义,是以儒雅缘饰法律的具体化和形象化,反映了儒相为政特色。

儒相如此,吏人出身的丞相更是内儒外法,与儒相相比并不逊色。如丙吉,"本起狱法小吏,后学《诗》《礼》,皆通大义"②。黄霸,"少学律令,喜为吏"③,后坐事下狱,狱中从大儒夏侯胜受《尚书》,武帝时政治苛猛,黄霸独以宽和名闻于世,"会宣帝即位,在民间时知百姓苦吏急也,闻霸持法平,召以为廷尉正,数决疑狱,庭中称平"④。他尤其注重对长吏

---

① 《汉书》卷八一《孔光传》。
② 《汉书》卷七四《丙吉传》。
③④ 《汉书》卷八九《循吏传》。

的教化,上疏说:

> 汉家承弊通变,造起律令,所以劝善禁奸,条贯详
> 备,不可复加。宜令贵臣明饬长吏守臣,归告二千石,
> 举三老、孝悌、力田、孝廉、廉吏务得其人,郡事皆以义
> 法令检式,毋得擅为条教,敢挟诈伪以奸名誉者,必先
> 受戮,以正明好恶。①

黄霸俨然儒士。于定国,为相九年,其父为狱吏,"少学法于
父",官至廷尉,"遂延师受经,学士咸称焉"。②

余英时先生对汉代循吏进行了文化的审视,指出循吏
兼有吏与师两种角色,在文化的传播(确切地说是儒学的传
播)上有重要的贡献。③ 从政治的角度看,循吏即儒化之吏
或吏化之士,前者为主体,构成行政的中坚,适应"霸王道杂
之"汉政的需要。与循吏相对的概念是"俗吏",即未经儒化
的文法吏,成为循吏攻诋的对象,循吏非常自觉地与之划清
畛域,贾谊说:"夫移风易俗,使天下回心而乡(向)道,类非
俗吏之所能为也。俗吏之所为务在刀笔筐箧,而不知大

---

① 《汉书》卷八九《循吏传》。
② 《汉书》卷七一《于定国传》。
③ 余英时:《汉代循吏与文化传播》,《士与中国文化》,上海人民出版社 1987
年版。

体。"①王先谦《汉书补注》此条下引周寿昌说："刀笔以治文书，筐以贮财币，言俗吏所务在科条征敛也。"董仲舒说："今废先王德教之官，而独任执法之吏治民，毋乃任刑之意与？"②"执法之吏"与独任刑法的俗吏含义无别。路温舒说："臣闻秦有十失，其一尚存，治狱之吏是也。……狱吏专为深刻，残贼而无极，偷为一切，不顾国患，此世之大贼也。"③王吉说："今俗吏所以牧民者，非有礼义科指可世世通行者也，独设刑法以守之，其欲治者，不知所由，以意穿凿，各取一切。"④匡衡说："今俗吏之治，皆不本礼让而上克暴，或忮害好陷人于罪，贪财而慕势，故犯法者众，奸邪不止，或严刑竣法，犹不为变。此非其天性，有由然也。"⑤谷永说："夫违天害德，为上取怨于下，莫甚乎残贼之吏，诚放退残贼酷暴之吏锢废勿用，益选温良上德之士以亲万姓。"⑥

不同的价值标准决定了不同的价值取向。儒家观念中的"俗吏"本是申、商、韩观念中的"良吏"。武帝以后，吏的儒化蔚为历史潮流，儒化的循吏构成行政的主体，在新的政

①《汉书》卷八四《贾谊传》。
②《汉书》卷五六《董仲舒传》。
③《汉书》卷五一《路温舒传》。
④《汉书》卷七二《王吉传》。
⑤《汉书》卷八一《匡衡传》。
⑥《汉书》卷八五《谷永传》。

治环境下,儒士的吏化显得迟缓和滞后,因而处于从属性的缘饰地位,诚如宋人苏辙所说:

> 西汉自孝武以后,崇尚儒术,至于哀、平,百余年间,士之以儒术进用,功业志节可纪与世者,不过三四,而武夫文吏皆著节当世,其业比儒者远甚。[1]

苏辙以儒者的主位思维方式指出儒者与"武夫文吏"功业志节上的巨大反差,正点出了儒士身份转换迟缓的缺陷,西汉的政治结局说明了儒士的这种状况远不能适应封建政治的需要,后汉建立后推行的"吏化"政策就是为了改变这种状况,加速儒士身份转换的进程。

二 由扶汉到附莽:士人政治取向的逻辑转变

董仲舒被称为"醇儒",说明董氏学说以原始儒学为主体,并通过阴阳、五行的体系使儒家思想权威化的特征。董氏学说对西汉后期士人政治取向影响最著者表现在如下两方面:其一,王朝统治的可更替性。五德终始本是循环不已的动性系统,五德之间相克,每朝居一德,既有代替上德的合理性,又有被下德取代的潜在可能性,国祚的长短完全取

----

① 《栾城集》卷二〇,曾枣庄、庄德富点校本,上海古籍出版社1987年版。

决于君主自身，董氏说：

> 且天之生民，非为王也，而天立王，以为民也。故其德足以安乐民者，天予之；其恶足以贼害民者，天夺之。……故夏无道而殷伐之，殷无道而周伐之，周无道而秦伐之，秦无道而汉伐之。有道伐无道，此天理也，所从来久矣。①

政权的更替是自古以来的"天理"，汉无道必将被伐，符合天理逻辑。所以当汉政权腐朽无道时，这种观念就能被社会广泛认同。其二，君臣关系上以"义"合原则，不存在特定的名分。原始儒学中，孔子强调"正名"，即明确君臣尊卑秩序，但君与臣之间以义合，"君使臣以礼，臣事君以忠"②。孟子对此作了进一步发挥，他说："君之视臣如手足，则臣视君如腹心；君之视臣如犬马，则臣之视君如国人；君之视臣如土芥，则臣视君如寇仇。"③据此形成了著名的汤、武"革命论"，"天下有道，以道殉身；天下无道，以身殉道。未闻以道殉乎人者也。"④荀子说："天之生民，非为君也，天之立君，以

---

① 董仲舒：《春秋繁露·尧舜不擅移，汤武不专杀》。
②《论语·八佾》。
③《孟子·离娄下》。
④《孟子·尽心下》。

为民也。"①先秦文献中类似言论甚为常见,晋史墨对赵简子说:"社稷无常奉,君臣无常位,自古已然。古诗曰'高岸为谷,深谷为陵'。三后之姓,于今为庶,主所知也。"②《左传·哀公三十一年》记孔子语:"鸟则择木,木岂能择鸟。"君臣之间无特定的名分,臣能择君,而君不可择臣,董仲舒强化孔、孟、荀的君臣关系论,突出君臣以义、道合的原则,他说:"胁严社而不为不敬灵,出天王而不为不尊上,辞父之命而不为不承亲,绝母之属而不为不孝慈,义矣夫。"③依此逻辑汉政无道时,士人弃汉投他也是很自然的了。

以上两点决定了西汉后期士人的政治取向,并最终影响了西汉政治的结局。西汉后期政治扑朔迷离,神学迷信泛滥,方术之士活跃,就政治观而言,从皇帝到一般儒士,一姓独专的"家天下"非但没有成为绝对的观念,"官天下"反而成为朝廷上下的共识,朝堂之上关于汉王朝是否享有天命的议论代不绝书。灾异作为上天的意志,具有特别重要的政治意义,皇帝一遇灾异就下诏罪己,群臣借灾异极言直谏,危言谠论,毫无顾忌,与"汉诏多惧词"④相对的是汉臣

①《荀子·大略》。
②《左传·昭公三十二年》。
③《春秋繁露·精华》。
④《廿二史札记》卷二"汉诏多惧词"条。

"上书无忌讳"①，君臣间的这种政治氛围乃是出于潜意识中对"官天下"的认同，"但有庸主，而无暴君"②构成两汉政治的显著特征之一。成帝以后，西汉政治每况愈下，汉德普遍受到怀疑，不再为社会留恋，王莽适逢其会，以新德面目出现，一时成为政治的重心，士人们在拯救汉德无望后转归王莽，王氏轻易转移汉祚，建立新朝。

灾异在西汉政治生活中有着不同寻常的意义，一旦遇有自然之变，皇帝就忙不迭地下诏罪己，戒饬公卿。把灾异引入政治者，首推宣帝。他在位 26 年中，因灾害、怪异而颁布诏书、下达各种政令 20 次（据《汉书·宣帝纪》），内容不外两方面：一是诏举"有以应变"的经学之士和"明于先王之术者"，答对消除灾异、修弊补救的办法；另一是采取具体措施改善百姓状况，如减免赋税、整肃吏治及派使者巡察民情、恤问孤寡等。元帝在位 16 年中共下诏 19 次，其中因灾异下诏 12 次，要求各级官吏直接上谏或荐举民间"明阴阳灾异者"7 次。诏书既下，"于是言事者众，或推擢召见，人人自以得上意"③。在宣、元的大力倡导下，言灾异成为一种时

---

① 《廿二史札记》卷二"上书无忌讳"条。
② 《廿二史札记》卷二"汉诏多惧词"条。
③ 《汉书》卷九《元帝纪》。

尚,儒士"每有灾异,辄傅经术,言得失"①。赵翼总结出"汉重日食",不但文帝、宣帝这样的"有道之君,太平之世,尚遇灾而惧如此",就连成、哀等"虽庸主亦以灾异为忧"。② 在重视灾异的表象背后,潜伏着对汉德存在性的忧惧意识。下面主要考察群臣对汉祚这个根本性问题的论述。

对汉祚是否存在合理性的疑问在昭帝时就产生了。元凤三年(公元前 78 年),传言泰山有大石自立、上林苑中柳树断枯卧起等怪异现象,眭弘(治《春秋》,以明经为郎)借题引董仲舒之言发挥道:"先师董仲舒有言,虽有继体守文之君,不害圣人之受命。汉家,尧后,有传国之运。汉帝宜谁差天下,求索贤人,禅以帝位,而退自封百里,如殷、周二王后,以承顺天命。"③时昭帝年幼,大将军霍光辅政,以妖言惑众罪将眭弘下狱处死。

宣帝任用刑法,亲信宦官,时任司隶校尉的盖宽饶直言上书,班固记载说:"是时上方用刑法,信任中尚书宦官,宽饶奏封事曰:'方今圣道浸废,儒术不行,以刑余为周、召,以法律为《诗》《书》。'又引《韩氏易传》曰:'五帝官天下,三王家天下,家以传子,官以传贤,若四时之运,功成者去,不得

---

① 《汉书》卷七一《平当传》。
② 《廿二史札记》卷二"汉重日食"条。
③ 《汉书》卷七五《眭弘传》。

其人则不居其位。'"①盖宽饶明经为郡文学，以孝廉为郎，又举方正，对策高第，迁谏大夫。他对宣帝的任用刑法提出批评，显然也是出于对儒士阶层政治命运的考虑。史载"宽饶为人刚直尚节，志在奉公"②，他对汉王朝的忠心应无疑问，传运之言则基于当时普遍认可的五德转移政治观。元帝时，翼奉上疏："天道有常，王道无常。亡常者所以应有常也"，建议徙都洛阳，"因天变而徙都，所谓与天下更始者也。天道终而复始，穷则反本，故能延长而无穷也。今汉道未终，陛下本而始之，于以永世延祚，不亦优乎!"③在汉祚未终、徙都更始之议的背后，仍然是五德转移论。

刘向、刘歆父子的政治取向在汉末儒士中有典型意义。刘氏父子是刘氏宗室，又是五德终始说的笃信者，刘向以五德的转移警告汉帝，促其改制更化，以期留住汉祚；刘歆在汉德无望后转向王莽，出任新室国师，被封红休侯，成为"四辅"之一。刘氏父子看似矛盾的政治选择恰是汉末政治环境下合乎逻辑的必然发展。

（一）刘向的扶汉

刘向，楚元王后，以父任为郎，通儒学，尤善说灾异，本

---

①②《汉书》卷七七《盖宽饶传》。
③《汉书》卷七五《翼奉传》。

之于董仲舒。他对刘汉王朝政治命运非常关切,对外戚势力的膨胀深为忧虑,迫切希望汉王朝强干弱枝,上疏说:"历上古至秦汉,外戚僭贵,未有如王氏者也。""事势不两大,王氏与刘氏,亦且不并立。"①成帝即位后,王凤为帝舅,以大将军辅政,"倚太后,专国权,兄弟七人皆封为侯"②,权倾朝野,刘氏国祚岌岌可危,时刘向领校群书,"向乃集合上古以来历春秋、六国至秦汉符瑞灾异之记,推迹行事,连传祸福,著其占验,比类相从,各有条目,凡十一篇,号曰《洪范五行传论》,奏之"③。刘向全书已佚,《汉书·五行志》留其片段,略举数例,见其梗概。

鲁定公二年(公元前 508 年),"五月,雉门及两观灾","董仲舒、刘向以为此皆奢侈过度者也。……天戒若曰:皇后亡奉宗庙之德,将绝祭礼"。昭帝元凤元年(公元前 800 年),燕城南门灾,"刘向以为……天戒若曰:邪臣往来,为奸谗于汉,绝亡之道也"。元帝初元四年(公元前 45 年),"皇后曾祖父济南东平陵王伯墓门梓柱卒生枝叶,上出屋"。刘向"以为王氏贵盛将代汉家之象也"。成帝元延二年(公元前 10 年)正月丙寅,蜀郡岷山崩,"刘向以为周时岐山崩,三川竭,而幽王亡。岐山者,周所兴也。汉家本起于蜀汉,今

---

① ② ③《汉书》卷三六《楚元王传》附刘向传。

所起之地山崩川竭……殆必亡矣"。显而易见，刘向说灾异的目的在于使成帝警惕王氏势力，"天子心知向忠精，故为凤兄弟起此论也，然终不能夺王氏权"①。成帝本人败坏法度，荒淫奢侈，营造昌陵，无异于自掘坟墓，刘向极言谏说：

> 故贤圣之君，博观终始，穷极事情，而是非分明。王者必通三统，明天命所授者博，非独一姓也。……虽有尧、舜之圣，不能化丹、朱之子；虽有禹、汤之德，不能训末孙之桀、纣。自古及今，未有不亡之国也。……世之长短，以德为效，故常战栗，不敢讳亡，孔子所谓"富贵无常"，盖此谓也。②

"世之长短，以德为效"，刘向之论与董仲舒之说相同。他虽然意识到汉必亡，主观上却对汉德极力维护，齐人甘忠可造《天官历》及《包元太平经》十二卷，言"汉家逢天地之大终，当更受命于天，天帝使真人赤精子下教我此道"③。时任中垒校尉的刘向奏忠可假鬼神罔上惑众，甘氏下狱病死。刘向处于这种矛盾之中，至其子刘歆情形发生变化，弃汉投新了。

成帝朝与刘向持相同态度的还有谷永。谷永少为小

---

①②《汉书》卷三六《楚元王传》附刘向传。
③《汉书》卷七五《李寻传》。

史,后博学经书,屡借灾异指陈王氏专权之害,上书说:"王者必先自绝,然后天绝之。""臣闻天生烝民,不能相治,为立王者以统理之,方制海内非为天子,列土封疆非为诸侯,皆以为民也。垂三统,列三正,去无道,开有德,不私一姓。明天下乃天下之天下,非一人之天下也。"①以民本性原则强调君主的人格责任,亦本于董氏学说。再如鲍宣,好学明经,举孝廉为郎,指出民的悲惨境况后说:"天下乃皇天之天下也,陛下上为皇天子,下为黎庶父母,为天牧养元元,视之当如一。……夫官爵非陛下之官爵,乃天下之官爵也。陛下取非其官,官非其人,而望天说(悦)民服,岂不难哉。"②

班固《汉书》卷七五《眭两夏侯京翼李传》赞:"汉兴,推阴阳言灾异者,孝武时有董仲舒、夏侯始昌,昭、宣则眭孟、夏侯胜,元、成则京房、翼奉、刘向、谷永,哀、平则李寻、田终术。此其纳说时君著明者也。"把董仲舒等人视作"不量浅深""构怨强臣"和游说君主的代表,后人视他们为方士,称这种现象为儒士的方士化,故顾颉刚说:"试问汉武帝以后为什么不多见方士了?原来儒生已尽量方士化,方士们要取得政治权力已相率归到儒生的队伍里来了。"③但从本文

---

① 《汉书》卷八五《谷永传》。
② 《汉书》卷七二《鲍宣传》。
③ 顾颉刚:《秦汉的方士与儒生》序言,上海古籍出版社1954年版。

的叙述看，儒士自儒士，方士自方士，前者崇信儒学，后者则崇信燕齐方术之学，当然不排除后期儒士的末流以方术干禄求利的现象，因为董仲舒之学存在庸俗化的倾向。作为政治角色，儒士与方士的界限还是明确的，以灾异说政治是西汉后期儒士"经术"的核心内容，包含着明确的现实目的，与方士的神秘主义目的论不可同日而语。

儒士的"经术"有着特定的内涵，大儒夏侯胜的名言颇值得注意。他聚徒讲学，常谓诸生说："士病不明经术。经术苟明，其取青紫如俯拾地芥耳。学经不明，不如归耕。"①士以明经被举者大都初为郎官，转任长吏，与公卿位相距甚远，夏侯氏所言"经术"显然不是指一般意义上的经学、儒术。夏侯胜为太子太傅，受诏著《太子说》等，卒后葬于平陵，太后赐钱二百万，为之素服五日，"儒者以为荣"②。他生前地位尊贵，死后极尽哀荣，可谓以经术取青紫的典范，经术的含义只有从他自身学术中寻求解答。夏侯胜师从族父夏侯始昌，始昌"通五经，以《齐诗》《尚书》教授。自董仲舒、韩婴死后，武帝得始昌，甚重之"③。可见，始昌之学与董仲舒同质，以灾异说政治，得武帝器重。"胜少孤，好学，从始

---

① 《汉书》卷七五《夏侯胜传》颜师古注："青紫，卿大夫之服也。"
② 《汉书》卷七五《夏侯胜传》。
③ 《汉书》卷七五《夏侯始昌传》。

昌受《尚书》及《洪范五行传》，说灾异。"①二者合称大、小夏侯，依据《洪范》说灾异，皆立为学官，后继者有许商、孔光、班伯、假仓、李寻、秦恭、谷永、刘向、刘歆等。② 可见，夏侯胜所言"经术"指董仲舒的天人政治学说，为西汉后期儒士的主导意识，与方士的方术之学判然有别。

在董氏学说的影响下，儒士"家天下"观念淡薄，并不将自己委于一朝一姓，在相当长的时间内，表现出排除外戚、维护汉廷的强烈意识，对汉祚是否合理的议论实际上是极言直谏之词，促使汉帝醒悟，但与后世的忠节有着质的区别，这是因为：其一，维护汉廷就是维护"天统""天命"。在一个王朝尚未最后失去天命之前，仍然是天意所在，只有当旧德无望、新德兴起之时，士人们才顺从天命，转向新德，政治状况是这种转变的决定性因素。其二，维护汉廷、排斥外戚也就是维护儒士阶层自身的政治利益。汉政以儒化法，儒士有了仕进之路，政治通道顺畅。而外戚、宦官擅权，任人唯亲，遍插党羽，儒士的仕进之路被阻断，对于士人是一个沉重的打击。因此，在政治上与外戚、宦官构成对立的两极，《汉书》及《后汉书》中两方面往往对称，就反映了这个事

---

① 《汉书》卷七五《夏侯始昌传》。
② 参见蒋善国《尚书综述》，上海古籍出版社 1988 年版。

实。在西汉，士人的政治影响与政治意识都较薄弱，不足以与宦官、外戚对抗。但在东汉后期就大为不同，双方对抗的结果酿成"党锢之祸"。

（二）刘歆的附莽

吕思勉先生论述西汉政治嬗变的过程说："汉治陵夷，始于元帝，而其大坏则自成帝。（成）帝之荒淫奢侈，与武帝同，其优柔寡断，则又过于元帝。朝政自此乱，外戚之势自此成。汉事遂不可为矣。"①成帝时西汉政治的衰颓几乎是无可挽回了，旧德将失，新德必兴，是"天理"使然，儒士们在扶汉无望后顺从"天命"寻求新德，此时王莽以新德面目粉墨登场了，儒士由扶汉向附莽转变。

王莽虽属外戚，但确是一个典型的儒士形象。饱读经书，广交儒士，是影响他政治前程的决定性因素，客观上顺应了武帝以来以儒化法的历史潮流，主观上以常人难以企及的手段塑造自身的新德形象，由安汉公、居摄到建立新室，实现皇权近乎平稳的过渡。剔除班固《汉书·王莽传》中的贬斥性言辞，可以看到一个较为实际的王莽形象：与纨绔兄弟不同，"莽独孤贫，因折节为恭俭。受《礼经》，师

---

① 吕思勉：《秦汉史》上，上海古籍出版社 1983 年版，第 181 页。

事沛郡陈参,勤身博学,被服如儒生。事母及寡嫂,养孤兄子,行甚敕备。又外交英俊,内事诸父,曲有礼意"。"散舆马衣裘,振(赈)施宾客,家无所余。收赡名士,交接将相卿大夫甚众。""遂克己不倦,聘诸贤良以为掾史,赏赐邑钱悉以享士,愈为俭约。"母病,客人探视,"莽妻迎之,衣不曳地,布蔽膝,见之者以为僮使,问知其夫人,皆惊"。名儒孔光两度为相,事三主,莽"于是盛尊事光"。任安汉公后,"原出钱百万,献田三十顷,付大司农助给贫民"。将新野赐田的大部分分给贫民。其子王宇犯罪,执其入狱,宇畏罪饮药死。重视儒学,"莽奏起明堂、辟雍、灵台,为学者筑舍万区,作市、常满仓,制度甚盛。立《乐经》,益博士员,经各五人。征天下通一艺教授十一人以上,及有逸《礼》、古《书》、《毛诗》、《周官》、《尔雅》、天文、图谶、钟律、月令、兵法、《史篇》文字,通知其意者,皆诣公车。网罗天下异能之士,至者前后千数,皆令记说廷中,将令记乖谬,一异说云。"

在政治混浊、人们对汉家旧德不再留恋、四处寻找新德之时,王莽的所作所为无疑会引来全社会的关注与趋归。与其说王氏代汉是靠收揽民心以积累政治资本而实现的,不如说他是以"激进"的以儒化法方式而遂其目的的。武帝后的儒化法是"渐进",王氏加速其进程,固然取得了政治上的速效，但也潜伏着严重的危机，由此可以解释王莽的勃兴与遽亡。

王莽由自任大司马秉政，经历封安汉公、加封宰衡、摄皇帝、假皇帝等几个阶段，每一步都由群臣上疏、太后下诏而促成，其中不乏刘氏宗室，王氏仿效周公居摄、"行天子事"就由泉陵侯刘庆上书。其间也曾有刘氏起兵反莽，如居摄元年（前6年）三月安众侯刘崇与张绍起兵，以维护宗室相号召，但应者寥寥，"绍等从者百余人，遂进攻宛，不得入而败"①。不仅如此，刘氏宗室附莽的积极性并不比一般人逊色，刘崇族父刘嘉投向王莽，说："方今天下闻崇之反也，咸欲褰衣手剑而叱之……宗室所居或远，嘉幸得先闻，不胜愤愤之愿，愿为宗室倡始，父子兄弟负笼荷锸，弛之南阳，豬崇宫室，令如古制。及崇社亦如亳社，以赐诸侯，用永监戒。"②再如刘敞子刘祉娶宣女为妻，翟宣弟翟义起兵反莽，"敞因上书谢罪，愿率子弟宗室为士卒先"③。

刘歆是这时期士人的代表性人物。与其父刘向相同，刘歆也以儒学称，是五德终始说的集大成者，著有《三统历》

---

① ②《汉书》卷九九上《王莽传》上。
③《汉书》卷一四《城阳恭王祉传》。

及《世经》,今存《汉书·律历志》中。① 但他的学说与乃父有着重大的不同:刘向主五行相胜说,以土、木、金、水、火为次;而刘歆主五行相生说,以木、火、土、金、水为次,《汉书·五行志》指出了这种差异:"孝武时夏侯始昌通《五经》,善推《五行传》,以传族子夏侯胜,下及许商,皆以教所贤弟子,其传与刘向同,唯刘歆传独异。"刘歆"独异"之处在于一反前人相胜说,而主相生说。

五德终始说是汉末士人包括刘向父子所共同尊奉的,相胜说与相生说的差异折射出父子二人在扶汉与附莽上的不同取向,二者并不对立,而是合乎逻辑的发展。相胜说用于征伐,如武王伐纣、秦之伐周、汉之代秦,作为刘汉政权的合理性依据;相生说用于禅让,如唐虞故事,为王莽所钟,作为代汉的理论依据。《世经》认为汉承尧皆居火德,王莽自认为虞后裔,尧传舜,火生土,新室便居土德。公元 8 年,"素无行"的梓橦人哀章投王莽所好,作"天帝行玺金匮图"及"赤帝行玺某传予黄帝金策书",意谓上天令赤帝刘邦传位给黄帝(土德),王莽以为"火德销尽,土德当代",于是"去

----

① 《汉书·律历志》:"向子歆,究其微眇,作《三统历》及《谱》,以说《春秋》。"杨向奎先生认为班固据《三统历》以成《律历志》,《谱》即其后所附的《世经》。见杨向奎《论刘歆与班固》,《绎史斋学术文集》,上海人民出版社 1983 年版,第 143 页。

汉兴新","即真天子位,定有天下之号曰新。其改正朔,易服色,变牺牲,殊徽帜,异器制……服色配德上黄"①。

历史就这样具有戏剧性。刘邦自任赤帝,把水德排斥在正统之外,以为汉承尧火运而生。但在西汉后期,"汉家尧后,有传国之运"观念得到强化,昭帝时睦弘就倡此说,随着刘汉国势的衰颓而为越来越多的人信奉,哀帝付诸实际,说"吾欲法尧禅舜"②,把皇位传给嬖臣董贤,尝试着传说中的理想政治,成为西汉后期独特的政治景观。原本用于论证刘汉统治合理性的理论,很自然地变成王莽代汉的逻辑依据,最终归结到五德终始说的动性特征上。

王莽国号新,源于新都侯的封号,但"新"在西汉后期有着非同寻常的意义,改元自新乃至新德,是顺乎逻辑的发展。汉帝遇灾异下诏罪己,改年号以示自新,元帝即位年号"初元",又改"永光""建昭";成帝即位年号"建始",又改"永始";哀帝年号"太初";平帝年号"元始";王莽年号"初始"。因此,王莽"初始"年号某种意义上是对元帝以来更化改新的继承,不同者在于王氏是"再受命",但在董仲舒天人政治学说中,"再受命"是"更化"的高级形式。王氏建新后论功

---

① 《汉书》卷九九上《王莽传》上。
② 《汉书》卷一一《哀帝纪》。

行赏,王舜为安新公,平晏为就新公,刘歆为嘉新公,哀章为美新公,是为四辅,位上公;甄邯为承新公,王寻为隆新公,王邑为隆新公,是为三公;甄丰为广新公,王兴为奉新公,孙建为成新公,王盛为崇新公,是为四将。由此可以看出,王莽对"新"的特别重视,其意义不仅仅限于原先封号上,"新"即新德之义,目的在于强调其政权的合理性,这对"禅让"而称帝的王莽来说显得尤为重要,由此也暴露了王氏发迹的全部奥秘。

刘歆政治取向的典型意义在于,作为刘氏宗室和儒士的一员,他尚且积极附莽,一般儒士就可想而知了。在董仲舒天人政治学说的影响下,刘歆及儒士的附莽是顺乎"天命"的,合乎历史的逻辑和时代的潮流,正如钱穆所说,当世社会"又深信阴阳五德转移之说,本非效后世抱万世帝王一姓之见,莽之篡权,硕学通儒劝进者多矣,虽以觊宠竞媚亦会一时学风之趋向,非独刘歆一人为然"[1]。钱穆先生据《后汉书》爬梳考证,西汉末儒士仕莽者甚众,有李宪、彭宠、隗嚣、公孙述、李守、冯异、岑彭、耿况、李忠、邳彤、耿艾、景丹、窦融、马况、马余、马员、马援、原涉、卓茂、伏湛、侯霸、宋弘、张湛、冯衍、苏竟、郭伋、张纯、范升、陈钦、丁綝、张宗、刘平、

---

① 钱穆:《刘向歆父子年谱》,《古史辨》第5册,上海古籍出版社1982年版。

赵孝、徐宣、欧阳歙、卫飒、王隆、史岑等。现象的简单罗列当然不能说明什么问题，把他们与刘歆的政治取向结合起来看，西汉末士人的政治取向应该就很明朗了。

附莽是西汉末士人主流的政治取向，当然也有少数儒士不与王莽合作，如龚胜、邴汉，"以莽专政，乞骸骨，莽遣之"①。郅恽上书王莽"取之以天，还之以天，可谓知命矣，若不早图，是不免于窃位也"②，莽将其下狱，不久赦归。还有习小夏侯《尚书》、称病不仕的王良③，"以儒学显""王莽居摄，以病自免"的蔡茂④，传孟氏《易》的洼丹、传欧阳《尚书》的牟长、传鲁诗的高翊、传《论语》的包咸等。⑤ 这类士人毕竟不是主流，《后汉书》的作者范晔生活于士人主体性突出的南朝宋，对汉代历史的记述不免染上主观色彩，表现之一就是对西汉末叛莽者过分夸大，他说："汉室中微，王莽篡位，士之酝藉义愤甚矣。是时裂冠毁冕、相携持而去者，盖不可胜数。"⑥但在另一处范晔又作了自相矛盾的叙述："（王莽）居摄篡弑之际，天下之士莫不竞褒称德美，作符命以求

---

①《资治通鉴》卷三五"平帝元始二年"条。
②《后汉书》卷五九《郅恽传》。
③《后汉书》卷二七《王良传》。
④《后汉书》卷二六《蔡茂传》。
⑤《后汉书》卷七九《儒林列传》。
⑥《后汉书》卷八三《逸民列传序》。

容媚,(桓)谭独自守,默然无言。"①顾炎武论汉末风俗时说:"故新莽居摄,颂德献符者遍于天下。"②结合历史的实际,顾氏之言是可信的。

王莽以激进的儒化法方式取得政权,也决定了他的政治悲剧。他以《周礼》作为政治蓝本,实现儒家理想主义政治,完全漠视、排斥法家政治,结果悖逆历史潮流,溃败就不可避免了。吕思勉的评论甚为深刻:

> 先秦之世,仁人志士,以其时之社会组织为不善,而思改正者甚多。……此等思想虽因种种阻碍未之能行,然既磅礴郁积如此,终必有起而行之者,新莽其人也。新莽之所行,盖先秦以来志士仁人之公意,其成其败,其责皆当由抱此等见解者共负之,非莽一人所能尸其功罪也。新莽之为人也,迂阔而不切于事情,其行之诚不能无失,然苟审于事情,则此等大刀阔斧之举动,又终不能行矣。故曰:其成其败,皆非一人之责也。③

从文化的视角看待王莽其人及其改制活动,显然比单纯的

---

① 《后汉书》卷二八上《桓谭传》。
② 顾炎武:《日知录》卷一三"两汉风俗"条。
③ 吕思勉:《秦汉史》,上海古籍出版社1983年版,第198页。

政治视角要深刻得多。西周世卿世禄制的社会瓦解，士人从不同角度绘制了不同的政治蓝图，其中儒家设计了理想的圣贤政治，王莽尝试付诸实践，他的失败表明了儒家理想主义政治的破产。

第三章　士大夫政治人格的形成

（光武帝—章帝）

公元 25 年，光武帝刘秀建立东汉政权，必然对西汉的政治结局进行深刻的反思。刘秀为刘氏宗室，称中兴之主，与惯常不同的是，他的反思融进了强烈的宗族意识，并相当程度地影响了反思的结果及东汉政治的走向。

前已有述，在社会动荡、政治混乱的西汉末年，董仲舒的天人政治学说及士人的政治取向相当程度上影响了西汉政权的结局，东汉政权的反思也集中在这两方面。本质上看，董仲舒以原始儒学为核心建立天人政治学说，以儒化法，符合历史发展的内在要求，但缺乏刘姓"家天下"的向度；董氏以"民"作为政治的核心，与君主专制的本质相悖逆，西汉王朝的政治归宿标志着原始儒家民本政治观的破产。在专制制度下，"民"不具备与君主抗衡的政治基础，以民规范、约束君权注定要落空，尽管这种学说主观上是为了王朝的长治久安。因此，修、齐、治、平的原始儒学基于"天下为公"的信仰，可用于修身齐家、治国理民，但不足以作为专制政治的理论基础。

东汉王朝建立之后，对原始儒学的理论和实践方面进行适应"家天下"专制政治的改造：理论上，把董仲舒的五德终始动性体系凝固为僵化的政治秩序图式，"民"的地位遭到削弱与贬低；把原始儒学中用于人格修养的忠、孝等观念外化为忠于王朝的节义观，外化为政治名分，原始儒学由伦理向政治转变。实践上，推行针对士人阶层的"吏化"政策，强化士人的行政素养，促进士人身份的转变。直接结果是士人在政治实践中的"缘饰"状况迅速得到改变，士人的作用从"轨德立化"向"优事理乱"转变。

士的吏化构成东汉前期政治的主流。经过西汉后期吏的儒化和东汉前期士的吏化，最终士、吏合流，以士为主，形成封建政治的基础——士大夫阶层，这个术语的本身也昭示了演变的结果。士大夫阶层包括在位的官僚和未仕的士绅，担负了封建统治的政治和文化职能，官僚阶层构成行政的主体，负责具体行政事务的"胥吏"地位大为降低，后世常用的"官吏"道出了官僚与胥吏间的分别。士绅的职能主要表现在文化方面，维护社会价值观念及道德教化、文化传承等。士大夫政治人格的内涵虽然代有不同，但其模式与作用终封建之世未有变化，成为封建政治的强固基础。

一　专制政治理论的确立

东汉王朝的专制政治理论是在对西汉政治理论改造的基础上建立的，改造表现在两方面：一是对董仲舒天人政治学说的改造，二是对原始儒学基本观念的改造。

（一）董仲舒天人政治学说的改造

历史给王莽开了个莫大的玩笑，他利用五德终始说登上皇位，但新室的土德在五德系统中倏忽而过，很快成为旧德，被下一个新德取代。刘秀经过东征西讨，势力渐成，将领劝他即天子位，犹豫之际，早年在长安的同舍生强华，自关中带来《赤伏符》，谶语说："刘秀发兵捕不道，四夷云集龙斗野，四七之际火为主。"[1]谶语暗示刘秀当继西汉火德而兴。公元 25 年 8 月 5 日，刘秀应谶即天子位，值得注意的是，在登基大典的祭神祝文上，上述谶语改为"刘秀发兵捕不道，卯金修德为天子"。谶语既托神意，当只有一个版本，

---

[1]《后汉书》卷一上《光武帝纪上》。

刘秀仅强调伐无道、为天子而不言火德，反映出他对五德说新的态度。至建武二年，光武"起高庙，建社稷于洛阳，立郊兆于城南，始正火德，色尚赤"①。光武的定德正色活动与秦始皇、汉高祖的大张旗鼓要逊色得多，定火德是为了表明东汉继承西汉的合理性，突出自身中兴之主的形象，从他尊奉高祖、恢复刘氏宗室故国封爵的举措中可以反映出来。因日食下诏告诫群臣"诚欲传之无穷，宜如临深渊，如履薄冰，战战栗栗，日慎一日"，使其"长为汉藩"②，与西汉末的改元更化迥然不同。光武登基之初，就流露出对董氏天人政治学说进行改造的愿望。

但是终光武之世，新的政治理论仍未建立起来，在他辞世的前一年，"宣布图谶于天下"③。图谶是神学目的论，在以实践理性为特征的儒学大背景下，神学迷信并没有依存的基础，更不可能成为指导现实的理论，即使在光武面前，仍有一批儒士如恒谭等为守住一片理性天空而不惜冒犯天颜。因此，在东汉前期，由于最高权威的提倡，方士及俗儒的推波助澜，神学迷信弥漫一时，但儒士主体阶层仍习读经书，酝酿着以"实事求是"为特征的古文经学的复兴。

专制政治学说在东汉王朝统治半个世纪后建立起来。

①②③《后汉书》卷一上《光武帝纪上》。

章帝建初四年（公元 79 年）召集博士、议郎、诸生与白虎观"讲议《五经》同异"，章帝"称制临决"①，以最高权威裁定经义，重新确定儒学的权威版本。班固据此记录整理而成《白虎通德论》，又称《白虎通义》。西汉武帝策问董仲舒，董氏天人政治学说被确立为统治学说，《春秋繁露》为董氏代表作；东汉章帝召集诸儒于白虎观，《白虎通义》经最高权威确立为新的政治学说。因此，《白虎通义》从内容上来说是对董氏学说的直接改造，篇目大都针对《春秋繁露》，从下页表中可以看出。

概括地说，《白虎通义》对董氏学说的改造集中在五德终始说上，具休表现在如下两个方面：

首先，《白虎通义》把董氏五德终始的动性体系改造为僵固图式，永远定格在东汉火德上，不再有相生相克之虞。在董氏学说中，灾异被视为上天的意志，具有谴告人君的功能，促其改制更化，如君主冥顽不化，灾异愈演愈烈，君主可再授命。而在《白虎通义》中，只有改制之名，没有再授命之说，灾异的政治功能大大萎缩了："天所以有灾变何？所以谴告人君、觉悟其行，欲令悔过修德、深思虑也。《援神契》曰：行有玷缺，气逆于天，情感变出，以戒人也。灾异者何谓也？

———————————
① 《后汉书》卷三《章帝纪》。

《春秋繁露》	《白虎通义》
楚庄王、玉杯	社稷、礼乐
王道、灭国	封公侯
爵国	爵
深察名号	号、姓名
尧舜汤武	诛伐
服制	衣裳
五行对　五行相生 五行相胜　五行顺逆 五行变数　治乱五行 五行五事	五行
郊义、郊祭 四祭　郊祀郊事对　祭义	五祀、五禅
求雨　止雨	耆龟　八风
阴阳终始 阴阳义 阴阳出入	日月 四时
官制象天 阳尊阴卑 阴阳位 天道无二	三正 三教 三纲六纪

《春秋潜谭巴》曰:灾之言伤也,随事而诛;异之言怪,先感动之也。""尧遭洪水,汤遭大旱,示有谴告乎？尧遭洪水,汤遇大旱,命运使然,所以或灾变或异何？各随其行,因其事也。"①

———————

① 《白虎通义》卷四《灾变》。

耐人寻味的是，《白虎通义》对灾异的认识更符合理性，但就在理性状态中，民的政治地位大大降低了。董氏学说的君权天授和民本两个层面，经过改造以后，前者急剧扩张，后者相应萎缩，正统化加强。

这样一来，五德终始的动性体系就凝固了，所谓"明臣可以为君，君不可更为臣"①，刘秀由臣变为君，不可能再变为臣，刘氏自此永居皇位、永享国祚了。君主成为政治的核心，孟子的革命论、董仲舒"有道伐无道"的"天理"至此终结，原始儒学政治观走完了其政治历程。

其二，《白虎通义》把董仲舒阴阳无行的自然秩序比附社会政治秩序，使后者绝对化，使政治秩序自然化。董氏学说中，五行之中土虽居中央，但地位基本上是均等的，只有均等才能运转，相生相克。《白虎通义》使五行体系僵固以后，成为规定政治秩序的图式，"土"地位最著，成了人君之象："五行者何谓也？谓金木水火土也；言行者，欲言为天行气之谓也。地之承天，犹妻之事夫、臣之事君。"五行中土居中央，不与四时、四向相配，"故不自居部职也"，而"人主不任部职"，土便为人君之象，金、木、水、火、土为臣之象，若四方辐辏、众星拱北辰，不可移易，"土尊，尊者配天，金木水

----

① 《白虎通义》卷三《五行》。

火,阴阳自偶"。"木非土不生,火非土不荣,金非土不成,水无土不高。王四季,居中央,不名时。"①五行的自然秩序成了政治秩序,天经地义,亘古不变。

《白虎通义》甚至把整个自然秩序映照到政治秩序之中,自然秩序就是政治秩序的临摹版本,《白虎通义》繁琐地比附说:

> 行有五、时有四何?四时为时,五行为节,故木王即谓之春,金王即谓之秋。土尊不任职,君不居部,故时有四也。……父死子继何法?法木终火王也;兄死弟及何法?夏之承春也;善善及子孙何法?法春生待夏复长也;恶恶止其身何法?法秋煞不待冬也;主幼臣摄政何法?法土用事于季孟之间也;子之复仇何法?法土胜水、水胜火也;子顺父、臣顺君、妻顺夫何法?法地顺天也;男不离父母何法?法火不离木也;女离父母何法?法水流去金也;……善称君、过称己何法?法阴阳共叙共生,阳名生、阴名煞;臣有功归于君何法?法归明于日也;臣法君何法?法金正木也;臣谏君不从则去何法?法水润下达于上也……父为子隐何法?法木之藏火也;子为父隐何法?法水逃金也;君有众民何

---

① 《白虎通义》卷三《五行》。

法？法天有众星也；王者赐先亲近后疏远何法？法天雨高者先得之也；长幼何法？法四时有孟仲季也；朋友何法？法水合流相承也；父母生子养长子何法？法水生木长大也；子养父母何法？法夏养长木，此火养母也；不以父命废主命何法？法金不畏土而畏火；……有分土无分民何法？法四时各有分而所生者通也；……君一娶九女何法？法九州象天之施也；……人有五脏六腑何法？法五行六合也；人目何法？法日月明也。①

从国家政制到伦常规范，从君主礼仪制度到臣民洒扫起居，从社会秩序到人自身，都与自然秩序相合一了。董仲舒学说特征是"天人合一"，《白虎通义》理论特征可以概括为"天政合一"，前者基点在"民"，而后者基点在政，二者的区别泾渭分明。春生夏长、秋收冬藏、阴阳交替，自然的秩序严格工整，芸芸众生可以感知，可以领会，并恪守不愈，章帝"称制临决"的白虎观会议就是为了实现政治秩序的自然化。从此可以看出，白虎观会议确立了专制政治的理论基础。

（二）原始儒学的改造

东汉王朝对原始儒学的改造，集中体现在孝、忠观念上。

---

① 《白虎通义》卷三《五行》。

前已有述，对董氏学说的改造表现为政治的自然化，那么，对原始儒学的改造则表现为政治的伦理化。本质上说，伦理也具有自然的意义，因此，政治的自然化与伦理化具有同质性。

孝。"孝"在原始儒学中占有重要地位，指人伦修养。孔子说："孝悌也者，其为人之本与！"①仁者爱人，指和谐、融洽的人际关系。汉以孝治理天下，但在西汉"孝"尚未超越伦理的意义，惠帝以下诸帝皆以孝为谥，颜师古说："孝子善说父之志，故汉家之谥，自惠帝以下皆称孝也。"②司马迁说："且夫孝，始于事亲，中于事君，终于立身。扬名与后世，以显父母，此孝之大者也。"③孝的内涵是血脉传承，汉王朝重孝，目的在于维护汉祚永昌。与政治上以儒化法相适应，以人伦孝道感化、调整法吏政治下紧张的人际关系，移风易俗。当时社会风气袭秦而来，如贾谊所说："曩之为秦者，今转而为汉矣，然其遗风余俗，犹尚未改……今其甚者杀父兄矣。"④

西汉以孝移风易俗表现在如下三个方面：其一，选举制度上以孝作为重要标准。武帝元光元年（前134年）"初令

①《论语·学而》。
②《汉书》卷二《惠帝纪》。
③《汉书》卷六二《司马迁传》。
④《汉书》卷八四《贾谊传》。

郡国举孝廉各一人"①,设孝廉科,从此成为选举的主要科目,得人也最多,对社会风气的影响深远。在实际操作中,孝的标准占有主导性,武帝元朔元年(前128年)有司奏议说:"今诏书昭先圣帝绪,令二千石举孝廉,所以化元元、移风易俗也。不举孝,不奉诏,当以不敬论;不察廉,不胜任也,当免。"②从对地方官不举孝与不察廉的处分轻重看,孝重于廉。其二,《孝经》受到高度重视,成为教化的基本教材。武帝立五经博士,后加《论语》和《孝经》而成"七经"。《孝经》为太子必读书,昭帝说:"朕修古帝王之事,通《保傅传》《孝经》《论语》《尚书》,未云有明。"③宣帝直言太子读《孝经》的目的:"人道亲故尊祖,尊祖故敬亲。……孝武皇帝曾孙病已,有诏掖庭养视,至今年十八,师授《诗》《论语》《孝经》,操行节俭,慈仁爱人,可以嗣孝昭皇帝后,奉承祖宗,子万姓。"④郡国学开授《孝经》,平帝"征天下通知……以《五经》《论语》《孝经》《尔雅》教授者,在所为驾,一封轺传,造诣京师"⑤。其三,设立乡官"孝悌",注重对基层社会的教化。惠帝"举民孝悌力田复其身"⑥,孝悌与力田、三老同为乡官,

---

①②《汉书》卷六《武帝纪》。
③《汉书》卷七《昭帝纪》。
④《汉书》卷八《宣帝纪》。
⑤《汉书》卷一二《平帝纪》。
⑥《汉书》卷二《惠帝纪》。

掌礼义教化,文帝诏书说明了各自的职能:"孝悌,天下之大顺也;力田,为生之本也;三老,众民之师也;廉吏,民之表也。朕甚嘉此二三大夫之行。"①这样,孝道观念深入、渗透到社会基层之中,至今考古遗存中仍有大量反映,如山东孝堂山武氏祠汉画像石中,宣传孝的内容有 16 幅,占有很大比例。汉画像石中知反哺之义的乌鸦形象甚为常见。②

由上可见,西汉的孝仍为原始儒学的伦理含义,西汉王朝对孝的重视是为了社会教化,移风易俗,构成以儒化法的重要内容。但在东汉,情形发生了变化,伦理观念政治化,孝当然政治化,《白虎通义》卷四《诸伐》:"臣子于君父,其义一也,忠臣孝子所以不得已,以恩义不可夺也。"君臣关系与父子关系等同起来,臣子于君犹父之于子,政治秩序与伦理秩序也随之等同起来,君臣关系是单向的,不再是双向可逆的了。臣的义务在于辅助君主,"臣所以有谏君之义何?尽忠纳诚也。爱之能无劳乎?忠焉能无诲乎?"③君主即使无道,也要尽心扶持,孔、孟、荀所言君臣间的双向关系不存在了。

---

① 《汉书》卷四《文帝纪》。
② 参见孙筱《孝的观念与汉代新的社会统治秩序》,《中国史研究》1990 年第 2 期。
③ 《白虎通义》卷四《谏诤》。

与西汉相比,东汉王朝孝的观念被赋予了浓厚的政治色彩,把孝子树为政治偶像,标榜天下,号为"江巨孝"的江革便是其中典型。《后汉书》卷三九《江革传》载:"(江革)少失父,独与母居,遭天下乱,盗贼并起,革负母逃难,备经险阻,常采拾以为养。数遇贼,或劫欲将去,革辄涕泣求哀,言有老母,辞气愿款,有足感动人者。贼以是不忍犯之,或乃指避兵之方,遂得俱全免于难。"建武末年,江革辞归乡里,不图仕进,自挽车,不用牛马,乡里号称"江巨孝",影响日广,太守屡召不应。"及母终,至性殆灭,尝寝伏冢庐,服竟,不忍除。"章帝元和时下诏表彰他的孝行,诏说:"夫孝,百行之冠,众善之始也。国家每惟志士,未尝不及革。县以见谷千斛赐巨孝,常以八月长吏存问,致羊酒,以终厥身。如有不幸,祠以中牢。"由是"'巨孝'之称,行于天下。及卒,诏复千斛"。从朝廷的重视程度及表彰江革的目的看,绝不限于伦理的意义,政治目的昭然。

由于朝廷的特别表彰,江革生前极尽声誉,死后备享哀荣。人伦之孝被赋予了政治含义,以致发生扭曲,成为浅俗之士沽名钓誉、标榜名节的手段,被著名党人陈藩揭露的伪孝者赵宣便是其中显例,《后汉书》卷六六《陈藩传》载:"民有赵宣葬亲而不闭埏隧(墓道),因居其中,行服二十余年,乡邑称孝,州郡数礼请之。郡内以荐藩,藩与相见,问及妻子,而宣五子皆服中所生。……遂致其罪。"赵宣事件的典型意义在于,由于政治的强烈渲染,自然性的人伦孝道发生了扭曲,自然的人性同样遭到扭曲,某种程度上反映了专制制度戕害人性的本质特征。

忠。"其最初的内涵是一种人们内向的自我修养、自我完善的彻底追求,以及由此产生的一种自觉对他人、对社会的责任心和道德行为,而不是一种外向的名分行为的表现。"①忠即"尽心"之意,《左传·桓公六年》季梁说:"所谓道,忠于民而信于神也。上思利民,忠也;祝史正辞,信也。"《左传·庄公十年》曹刿与庄公论战:"公曰:'小大之狱,虽不能察,必以情。'对曰:'忠之属也,可以一战,战则请从。'"

"忠臣"的观念源自法家,强调的是臣对君的名分,韩非界定其义说"专心于事主者为忠臣",他说:"尧为人君则君其臣,舜为人臣而臣其君,汤、武人臣而弑其主、刑其尸,而天下誉之,此天下所以至今不治者也。"②与孔、孟主张君臣以道合不同,韩非主张君臣以计合,"故君臣异心,君以计畜(蓄)臣,臣以计事君,君臣之交,计也。害身而利国,臣弗为也;害国而利臣,君不为也。臣之情,害身无利;君之情,害

---

① 魏良弢:《终节的历史考察》,《南京大学学报》(社科版)1994 年第 1 期、1995 年第 2 期。本书关于"忠"的议述,参考此文。

②《韩非子·忠孝》。

国无亲。君臣也者，以计合者也"①。西汉以原始儒学为核心的董仲舒天人政治学说占主导地位，原始儒学的忠义观、君臣观当然没有变化，王莽代汉过程中士人的政治取向反映了这个事实。

东汉王朝对"忠"的改造有两个途径，其一是忠、孝一体化，前已有述；其二是把法家的"忠节"融入儒家的"气节"范畴，这是主要途径。儒、法的气节与忠节在主体性上有着明确的分别，前者是士人主体性的表现，而后者泯灭士人的主体性以服从君主的意志，但当儒学被改造为专制统治的意识后，二者便具备了合流的基础。西汉末少数士人不仕新室，本是士人气节的体现，与殷末叔夷、伯齐相类，光武对他们的褒奖，就转换到法家的忠节意义上。光武表彰忠臣，向为史家津津乐道，先访求卓茂，卓茂哀、平间曾为密县令，"及莽居摄，以病免归"，光武拜他为师傅，比之于商臣比干、商容，下诏说："前密令卓茂，束身自修，执节淳固，诚能为人所不能为。夫名冠天下，当受天下重赏，故武王诛纣，封比干之墓，表商容之间。今以茂为太傅，封褒德侯。"②类似事例甚多，再如以下诸人。

---

① 《韩非子·饰邪》。
② 《后汉书》卷二五《卓茂传》。

如王常。刘秀会群臣时，表彰王常说："此家率下江诸将辅翼汉室，心如金石，真忠臣也"，封他为"汉忠将军"，死后谥为"节侯"。^①忠臣术语内涵源自法家，被儒化了。来歙，出征西川遇刺身亡，刘秀"省书涕"，赐策说："中郎将来歙，攻战连年，平定羌陇，忧国忘家，忠教彰著。"谥为"节侯"。^②与此同时，刘秀还表彰骨鲠之臣，如董宣，湖阳公主的苍头奴白日杀人，吏捕不得，洛阳令董宣不畏权势，候公主出，遮道拦车，斩杀苍头奴，公主告至光武处，光武无意治董宣罪，让他叩谢公主，"宣不从，强使顿之，宣两手据地，终不肯附"，刘秀称他为"强项令"，赐钱三十万。^③刘秀不放过表彰忠臣的一切机会，不以己身为主位，如忠于王莽的益州太守文齐，固守拒险，不降公孙述，封之为"成义侯"^④；苍头子密杀其主彭宠，献城降汉，光武封为"不义侯"。^⑤

顾炎武在论及光武表彰节义的背景及效果时说："汉自孝武表彰六经之后，师儒虽盛，大义未明，故新莽居摄，颂德献符者遍于天下，光武有鉴于此，故尊崇节义，敦励名实，其所举用莫非经明行修之人，而风俗为之一变。"^⑥西汉"师儒

---

① ②《资治通鉴》卷四二。
③ ④《资治通鉴》卷四三。
⑤《后汉书》卷一二《彭宠传》。
⑥《日知录》卷一三"两汉风俗"条。

虽盛",但"大义未明","大义"指士人与政治间的名分,光武
以后风俗为之一变,士人与政治间的名分关系建立起来,这
是东汉前期对董仲舒天人政治学说和原始儒学改造的
结果。

二　吏化:儒士身份的转换

《后汉书》卷二《韦彪》载:"彪以世承二帝吏化之后,多
以苛刻为能。"二帝指光武、明帝。"吏化",当然包括光武、
明、章诸帝的"吏事自婴(撄)"①,但主要对象则指向士人,因
为文吏本身并不需要吏化。士人的吏化,指东汉王朝以行
政的手段培育与加强士人的实际政治素质,改变士人"君子
不器"的传统观念及能言不能行的现实状况,提升士人在政
治实践中的地位与影响。客观上加速了士、吏的结合,加速
了封建政治的基础——士大夫阶层的形成过程,同时加速
了士人身份的转换。这个过程当然意味着部分传统价值观
的丧失,士人却完成了最终的政治定位,意义不可低估。

王充生于光武登基后的第二年(建武三年,公元 27

---

① 华峤:《后汉书·光武帝纪》,《太平御览》卷九一引,中华书局 1960 年影
印本。

年)，卒于和帝永元九年(97 年)，所生活的 70 年基本与光武、明、章三朝相始终。他所著《论衡》对文吏与儒士进行了充分的论述，主要集中在卷一二《程材》《量知》《谢短》及卷一三《效力》四篇之中。王氏所指士、吏关系状况应是西汉实际情况的反映，对士、吏关系如此全面的论述反映了东汉前期二者合流的内在要求。以下从三个方面看王充的有关论述。

首先，王充揭示了西汉实际政治中文吏当政、儒士"缘饰"的状况。《程材》开篇即说："论者多谓儒生不及彼文吏，见文吏利便而儒生陆落，则诋訾儒生以为浅短，称誉文吏谓之深长。"不论在实践中还是在舆论中，儒士皆不及文吏，"是故世俗常高文吏，贱下儒生"；"儒者寂于空室，文吏哗于朝堂"。朝堂之上，"文吏在前，儒生在后"。王充没有能指出产生这种局面儒生主观方面的原因，而强调客观因素，对于朝堂而言，文吏与儒生犹如"子弟"与"宾客"，他说：

> 从农论田，田夫胜；从商讲贾，贾人贤。今从朝廷谓之，文吏，朝廷之人也，幼为干吏，以朝廷为田亩，以刀笔为耒耜，以文书为农业，犹家人子弟生长宫中，其知曲折愈于宾客也。宾客暂至，虽孔、墨之才，不能分别。儒生犹宾客，文吏犹子弟也。以子弟论之，则文吏晓于儒生，儒生暗于文吏。今世之将相，知子弟以文吏

> 为慧,不能知文吏以狎为能;知宾客以暂为固,不知儒
> 生以希为拙:惑蔽暗昧,不知类也。①

王充的不足是没有能指出士人身份转换上的迟滞性,在这一点上,注重实际效能的文吏比儒士要快捷得多,这是造成西汉士、吏地位悬殊的主要因素。

其次,王充评述了吏、士的优劣。政治的根本特性是实践,开国奠基,内政外交,兵刑钱谷,要求从政者具备果毅决断的实践能力以及一定的文化素养,吏、士作为专门性角色在不同的政治阶段作用也不相同,开国草创时吏的作用突出,而治国守成时士的作用显得重要。王充对此论述说:

> 今世之将,材高知深,通达众凡,举纲持领,事无不
> 定。其置文吏也,备数满员,足以辅己志。志在修德,
> 务在立化,则夫文吏瓦石、儒生珠玉也。夫文吏能破坚
> 理烦,不能守身;不能守身,则亦不能辅将。儒生不习
> 于职,长于匡救,将相倾侧,谏难不惧。案世间能建塞
> 塞之节,成三谏之议,令将检身自敕、不敢邪曲者,率多
> 儒生;阿意苟取客幸,将欲放失、低嘿不言者,率多文
> 吏。文吏以事胜,以忠负;儒生以节优,以职劣。二者
> 长短,各有所宜。世之将相,各有所取。取儒生者,必

---

① 《论衡》卷一二《程材》。

轨德立化者也；取文吏者，必优事理乱者也。材不自能
则须助，须助则待劲。官之立佐，为力不足也；吏之取
能，为材不及也。

东汉王朝已经建立，急需的不是"以事胜、以忠负"的文
吏，而是"以节优"的儒士，王充辨别吏、士"忠"的不同含义，
文吏之忠是尽职理事，恪尽职守，而儒士之忠是忠于道，忠
于朝廷，王充也体现出忠节与气节相合一的倾向，他说："文
吏、儒生皆有所至，然而儒生务忠良，文吏趋理事。苟有忠
良之业，疏拙于事，无损于高。""然则儒生所学者，道也；文
吏所学者，事也。假使材同，当以道学。……儒生治本，文
吏理末，道本与事末比，定尊卑之高下，可得程矣。"①在王充
看来，即使儒生的行政才干相对拙劣，重要性也在文吏之
上，这是由政治的形势决定的："儒生之性，非能皆善也，被
服圣教，日夜讽咏，得圣人之操矣。文吏幼则笔墨，手习而
行，无篇章之诵，不闻仁义之语。长大成吏，舞文巧法，徇私
为己，勉赴权利。考事则受赂，临民则采渔，处右则弄权，幸
上则卖将。一旦在位，鲜冠利剑，一岁典职，田宅并兼，性非
皆恶，岁习为者违圣教也。故习善儒路，归化慕义，志操则
励，变从高明。""文吏治事，必问法家"②，王充对文吏的贬斥

---

①②《论衡》卷一二《程材》。

承继了陆贾、贾谊、董仲舒等人的理论，但他对文吏的批判基于西汉灭亡的背景之下，因而更加深刻。由此看，如果以儒、法的标准划分王充的归属，入于儒比入于法有更充足的理由。

吏、士都有蔽短，文吏之短在于未受礼义熏染，缺乏人文修养，"夫文吏之学，学治文书也，当与木土之匠同科，安得程于儒生哉？""不入师门，无经传之教，以郁朴之实，不晓礼义，立之朝廷，植笮树表之类也，其何益哉？"①儒士之短在于能言不能行，缺乏实践能力，"夫儒生之业，《五经》也，南面为师，旦夕讲授章句，滑习义理，究备于《五经》可也。《五经》之后，秦汉之事，不能知者，短也。夫知古不知今，谓之陆沉者也。……夫知今不知古，谓之盲瞽。《五经》比于上古，犹为今也。徒能说今，不晓上古，然则儒生，所谓盲瞽者也。"②总结王充之言，在东汉时代，专制皇权更需要儒生，同时要尽快改变儒士能言不能行的状况，士的吏化成为现实的要求，士、吏的结合成了时代的必然选择。

其三，对于新的政治人格类型，王充提出了"文儒"的概念。从名称上看，"文儒"是文吏、儒生的复合体，内涵是吏

①《论衡》卷一二《量知》。
②《论衡》卷一三《谢短》。

化之士：

> 陈留庞少都每荐诸生之吏，常曰："王甲某子，才能百人。"太守非其能，不答。少都更曰："言之尚少，王甲某子，才能百万人。"太守怒曰："亲吏妄言！"少都曰："文吏不通一经一文，不调师一言。诸生能说百万章句，非才知百万人乎！"太守无以应。夫少都之言，实也，然犹未也。何则？诸生能传百万言，不能览古今，守信师法，虽辞说多，终不为博。殷、周以前，颇载《六经》，儒生所不能说也。秦、汉之事，儒生不见，力劣不能览也。周监二代，汉监周、秦，周、秦以来，儒生不知，汉欲观览，儒生无力。使儒生博观览，则为文儒。文儒者，力多于儒生，如少都之言，文儒才能千万人矣。①

文儒即"诸生之吏"、吏化之士，既通悉经典，又晓时事，更具有实际政治才干，兼有士的轨德立化与吏的优事理乱之长，并且克服二者的蔽短，既高于文吏，又优于儒生，王充说："夫文儒之力过于儒生，况文吏乎？能举贤荐士，世谓之多力也。然能举贤荐士，上书日记也；能上书日记者，文儒也。"②

文儒即文吏与儒生的结合，主体是吏化之士，也包括儒

---

① ②《论衡》卷一三《效力》。

化之吏，王充说："文儒非必诸生也，贤达用文则是也。"①贤
达、用文是士、吏的两种素养，兼有二者，就为文儒。经过西
汉武帝以后吏的儒化和东汉前期士的吏化，士、吏两个阶层
逐渐融合在一起。王充作为时代精神的体现者，反映时代
的要求。"文儒"与新型政治人格——士大夫意义等同，这
个概念的提出，意味着士大夫阶层形成的条件已经成熟。

　　光武大力推行吏化政策，但光武政治似乎存在着矛盾：
一方面，如赵翼所揭示"东汉功臣多近儒"②，或说多为吏化
之士；另一方面，光武采取"退功臣而进文吏"之策。学者多
从权力结构、政治斗争角度进行诠释③，自然有合理性，进一
步则要探究光武所退功臣与所进文吏的具体情况。

　　与西汉开国"布衣将相之局"不同，东汉功臣多为儒士
出身。光武本人少时至长安受《尚书》；邓禹为光武同学，年
十三能诵《诗》；寇恂性好学，延师受《左氏春秋》；冯异通晓
《左氏春秋》及《孙子兵法》；贾复幼习《尚书》；耿弇父明经为
郎，弇承父业；蔡遵少好礼；朱祐初学长安；郭良虽武将，亦
通经书。其他如王霸、耿纯、刘隆、景丹等皆少游学长安。
所以赵翼说："是光武诸臣，大半多习儒术，与光武意气相符

---

①《论衡》卷一三《效力》。
②《廿二史札记》卷三。
③ 陈勇：《论光武帝"退功臣而进文吏"》，《历史研究》1995 年第 4 期。

合……是所谓有是臣有是君也。"①有是君即有是臣，有是君即有是政。本质上说光武君臣多为吏化之士，推行吏化政策也就顺理成章了。

光武"退功臣而进文吏"，功臣与文吏对称，是以军功作为区分的标准，陈勇认为："可知此处所指'文吏'，应包括文法之吏和儒学之士两部分人，这与将'文吏'与儒生相对而言的场合，意义有所不同。"②其所见极是。更进一步说，此处文吏主要指儒士，而文法之吏占少数比例。史载光武重用"名儒旧臣"③，具有行政经历的儒士多受重用，甚至仕新室者也不避嫌。功臣原居三公九卿要津，从光武朝任三公九卿职者的分析可以看出"退功臣而进文吏"的确切含义。

据清代黄大华《东汉三公年表》统计④，光武朝三公23名：卓茂、邓禹、吴汉、王梁、宋弘、伏湛、侯霸、李通、马成、韩歆、窦融、欧阳歙、戴涉、蔡茂、刘隆、朱浮、杜林、王况、张纯、赵熹、冯勤、冯鲂、李欣，其中王况一人不见于范晔《后汉书》，黄氏另有所据，笔者见有未逮。对22人传记资料的逐个检阅，明确为儒士出身的有卓茂、邓禹、伏湛、侯霸、李通、

①《廿二史札记》卷三。
② 陈勇：《论光武帝"退功臣而进文吏"》，《历史研究》1995年第4期。
③《后汉书》卷六二《伏湛传》。
④《二十五史补编》第2册，上海开明书店1936年版。

韩歆、欧阳歙、蔡茂、刘隆、杜林等 10 人；明确为吏出身者有吴汉、王梁、宋弘、马成、张纯等 5 人。余者无法确知身份，或为宗室，或为军功，或新室旧臣，共同之处兼有儒学素养及吏治之才，如王充所言"文儒"者。如窦融，以军功封建武侯，以侠闻，"然事母兄，养弱弟，内修行义"①。戴涉，重用以仁义著称的鲍永子鲍昱；朱浮，"少有才能，颇欲厉风迹，收士心"②；赵熹，与邓奉友善，邓奉反于南阳，他数遗书切责，谗者言熹为同党，邓奉败后得熹书，光武赞其"真长者也"③；冯勤，敦节义，光武称"佳乎吏也"④；李欣，为明帝即位时几位辅佐大臣之一；冯鲂，"时天下初定，而四方之士拥兵矫称者甚众，唯鲂自守，兼有方略，光武闻而善之"⑤。不仅如此，吏出身者也与他们相类，儒化色彩浓厚，如张纯，哀、平间为侍中，新莽时为列卿，"纯在朝历世，明习故事。建武初，旧章多阙，每有疑议，辄以访纯，自郊庙婚丧纪礼仪，多所正定"⑥。吴汉，质厚少文，忠心辅主，虽不通儒学，但具有儒吏品质，范晔评论说："吴汉自建武之世，常居上公之位，终始

①《后汉书》卷二三《窦融传》。
②《后汉书》卷三三《朱浮传》。
③《后汉书》卷二六《赵熹传》。
④《后汉书》卷二六《冯勤传》。
⑤《后汉书》卷三三《冯鲂传》。
⑥《后汉书》卷三五《张纯传》。

倚爱之亲谅由质简而强力也。子曰：'刚毅木讷近仁'，斯岂汉之方乎！"①宋弘，哀、平间为侍中，王莽时为共工（少府）。赤眉入长安，遣使征之，行至渭桥，自投于水，后被家人救出佯死获免。光武以为大司空，"家无资产，以清行致称"②，荐桓谭、吴汉、王梁、马成、刘隆等5人。

由上所述，对光武帝的"退功臣而进文吏"政策可以得出如下几方面的认识：其一，光武并非全盘罢退功臣。中兴二十八将中，出任三公九卿者10人（其中王梁兼任公、卿职）。明帝追认前世功臣，云台绘像者除二十八将外，尚有王常、李通、窦融、卓茂等4人，这4人中除王常外其他3人都任过公、卿职。这样，云台绘像32人中，有13人任过公卿，任公卿数超过总数的40%。其二，"文吏"包括儒士和法吏两个阶层，其中儒士占多数。其三，光武一面表彰不仕新室的节义之士，一面对仕莽者加以任用。总之，光武的用人强调士、吏的综合素质，强调二者的融合，兼及儒学素养及行政才干，反映士、吏合流的时代特征。在这个根本性指针之下，士的吏化进程大大加速了。

光武"退功臣而进文吏"意在解决开国君主共同的政治

---

① 《后汉书》卷一八《吴汉传》。
② 《后汉书》卷二六《宋弘传》。

课题,即开国皇帝与开国功臣间的矛盾,尤其针对西汉刘邦君臣的历史教训而发,《后汉书》作者范晔洞察到了这一点,评光武之政说:

> 观其治平临政,课职责咎,将所谓"导之以政,齐之以刑"者乎! 若格之功臣,其伤已甚,何者? 直绳则亏丧旧恩,挠情则违废旧典,选德则功不必厚,举劳则人或未贤,参任则群心难塞,并列则其弊未远。不得不校其胜否,即以事相权。故高秩厚礼,允答元功,峻文深宪责成吏职。①

与后世宋太祖"杯酒释兵权"有别,光武对功臣高秩厚礼的同时,让其任吏职,如郡守县令等,据《后汉书》等史籍载:邳彤为和成卒正(王莽分巨鹿为和成,卒正职如太守);耿况为朔调连率(王莽改上谷为朔调,太守为连率);马援为新城大尹(王莽改汉中为新城,太守为大尹);李忠为新博属长(王莽改信都为新博,都尉为属长);岑彭守棘阳长,景丹为固德相,寇恂、盖延、陈俊、坚镡、冯异为郡吏,贾复、马成为县吏,耿纯为纳言士(王莽以尚书为纳言,下置士)。②

可以说,光武朝功臣实质上等同于儒吏,光武把开国君

---

① 《后汉书》卷二二《朱景王杜马刘傅坚马传》。
② 参见陈勇:《论光武帝"退功臣而进文吏"》,《历史研究》1995 年第 4 期。

主与功臣的矛盾纳入"吏化"的总方针下予以解决，既避免了汉高祖式的"兔死狗烹"，又非宋太祖式的全盘斥退，保持了政治的稳定。

东汉的"吏化"政策，主要体现在选举制度上，因为士人的入仕通过选举的途径而实现。与西汉相比，东汉吏化政策在选举制度上表现为两个鲜明的特点：选举对象上主要为儒士；选举方式上主要注重实际能力的考核，试之以职成为重要的环节。

东汉建立，儒士数量与西汉相比有较大幅度的增加，王莽筑舍万区，延聚天下儒士。光武奖励儒学，修太学，兴礼仪。明帝时，"乡射礼毕，帝正坐自讲，诸儒执经问难于前，冠带缙绅之人，圜桥门而观听者盖亿万计"①。章帝聚集诸儒召开白虎观会议。选举主要面向士阶层，以得人最多的孝廉科而论，马端临《文献通考》卷三四《选举七》列举东汉举孝廉者 91 人，笔者对其身份逐个审查的结论是：初为吏而后举孝廉者有马棱、贾琮、郑弘、周章、刘平、第五伦、钟离意、陈禅、陈龟、种暠、朱俊、公孙瓒、许荆、第五访等 14 人，仅占总数的 15％，与西汉相较大相径庭。孝廉科为诸科之中得人最多的科目，具有代表性，其他诸科的情形与此相类。因

---

① 《后汉书》卷七九《儒林列传上》。

此,称东汉的选举制度为选士制度,较符合历史的实际。

试职为东汉选士的又一特点。西汉选举以儒家的经书及行为作为主要标准,基本不涉及政治素养及实践能力。至东汉则不然,应劭《汉官仪》载著名的"世祖诏"说:

> 世祖诏:方今选举,贤佞朱紫错用。丞相故事,四科取士,一曰德行高妙,志节清白;二曰学通行修,经中博士;三曰明达法令,足以决疑,能按章覆问,文中御史;四曰刚毅多略,遭事不惑,明足以决,才任三辅令。皆有孝悌廉公之行。自今以后,审四科辟召。及刺史二千石察茂才、尤异、孝廉之吏,务尽实核,选择英俊、贤行、廉洁、平端于县邑,务授试以职。有非其人,临计过署,不便习官事,书疏不端正,不如诏书,有司奏罪名,并正举者。①

诏书的核心内容是"授试以职"。这条诏书《汉书·光武帝纪》未载,《汉书·和帝纪》《太平御览·治道部》引作"建初八年十二月己未诏书",建初为章帝年号,而《北堂书钞》引作"中兴甲寅诏书"。既称"世祖诏",《北堂书钞》之说较为可信,章帝予以重申。② 诏书所言"丞相故事","丞相"何所

---

① 据周天游点校《汉官六种》,中华书局 1990 年版。
② 参见阎步克《察举制度变迁史稿》,辽宁大学出版社 1994 年版。

指学者未有定论,一般认为四科取士起于武帝之时①,杜佑《通典》卷一三《选举一》记章帝四科辟士诏后注云:"复用前汉丞相故事,以四科辟士。武帝因董仲舒之言立制,故事在丞相府,今复用之。"实际情况是,《汉书》未载此诏,亦未载四科辟士之制,此制皆光武诏才为后人所知,即使为西汉武帝之制,也淹没已久,成为名副其实的"故事"。因此,光武帝下诏本身及诏书内容发出的明确信息是,选举上的"授试以职"为光武特别强调,或者说是下诏的目的。"试职"成为东汉选士的方针,各科取士都注意实际能力的考核。

　　试职的方针对博士也不例外。东汉的博士不仅有经义方面的要求,也须"行应四科"。四科之中前二者是对经学素养的要求,后二者则是实际政治素养的要求。"举博士状"是朝廷颁行的天下通用标准格式,体现博士选拔的标准,状的内容是这样:

　　　　生事爱敬,丧没如礼,通《易》《尚书》《孝经》《论语》,兼综载籍,穷微阐奥。隐居乐道,不求闻达。身无金痍痼疾,卅六属不与妖恶交通、王侯赏赐。行应四科,经任博士。②

---

① 参见方北辰《两汉的"四行"与"四科"考》,《文史》第 23 辑。
② 《后汉书》卷三三《朱浮传》注引应劭《汉官仪》,又见《艺文类聚》及《太平御览》之"职官部"。

可见，博士也须经术与实能并重，并接受考核，"太常卿一人每试博士，奏其能否"①，所试当然包括两个方面。东汉博士不再如西汉那样仅仅作为法律、吏事的缘饰，职能也不仅限于备顾问、发议论，实际上也被"吏化"了。马端临指出这个特点："西京博士但以名流为之，无选试之法。中兴以来始试而后用，盖既欲其人之师范，则不容先试其能否也。"②

吏化政策在章帝时又得到进一步强化，他重申"世祖诏"，强调"授试以职"的方针。不仅如此，他在即位伊始的建初元年（公元 76 年）对察举的标准作了重大变革，提出"必累功劳"，即对被举者的实践方面的资格作了严格要求，不限于举后的试职，注重举前的实绩。建初元年三月诏：

> 明政无大小，以得人为本。夫乡举里选，必累功劳。今刺史、守、相不明真伪，茂才、孝廉岁以百数，既非能显，而当授之政事，甚无谓也。每寻前世举人贡士，或起畎亩，不系阀阅，敷奏以言，则文章可采；明试以功，则政有异迹。文质彬彬，朕甚嘉之。③

这样，被举者在举前、举后的实际能力及素质得到全面的考

---

① 徐天麟：《东汉会要》卷二六《选举上》。
②《文献通考》卷四〇《学校一》。
③《文献通考》卷三九《选举一二》。

核，与西汉以儒学为主要标准有别，东汉以实践为主要标准。在选举制的导引之下，士人的吏化进程大大加快，儒士的传统身份发生转换，在社会结构中的角色随之发生变化。儒士与王朝政治实现一体化，除了地位荣宠、经济利益乃至身家性命与王朝治乱兴衰休戚相关外，关键是意识上自觉与王朝结为一体，太平之世持己励政，衰乱之世砥柱中流，不可挽回时就以身殉职了。

关于东汉选士试职的特点及影响，历代学者多有议论，其中马端临与皮锡瑞之语颇有代表性。马端临说："东汉用人多以试取之，诸科之中，孝廉、贤良、有道皆有试……至于辟举、征召，无不试者。李固、杨秉所言皆以试为是，特拜为非，然所试文墨小技，固未足以知其贤否也。"①清代皮锡瑞说："后汉取士，必经明行修，盖非专重其文，而必深考其行。前汉匡、张、孔、马皆以经师居相位，而无所匡救。光武有鉴于此，故举逸民，宾处士，褒崇节义，尊经必尊其能实行经义之人。后汉三公，如袁安、杨震、李固、陈蕃诸人，守正不阿，视前汉匡、张、孔、马大有薰莸之别。"②吏化政策下的选士制度对士大夫阶层的形成及东汉王朝的政治产生了深刻影

---

① 《文献通考》卷三九《选举一二》。
② 皮锡瑞：《经学历史·经学极盛时代》，中华书局 1959 年排印本。

响,下文将要论及。另一方面,也产生了不少弊端,主要表现在"必累功劳"的标准难以体现,往往通过名节、独行等形式表现出来,儒士们为了仕进,刻意造作,猎取名声,导致诈伪公行,前述伪孝子赵宣即为其中显例。"举秀才,不知书;举孝廉,父别居。寒素清白浊如泥,高第良将怯如鸡。"①民谣忠实地揭示了东汉后期选举失实的状况。

　　东汉后期,宦官、外戚交替专政,选举制度成为士人与宦官、外戚斗争的焦点之一。为叙述的方便,这里对后期的制度连带述及。前已有述,士人与宦官、外戚政治上相对立,东汉为加强皇权,重用宦官,"中兴之初,宦官悉用阉人,不复杂调他士"②。前期由于皇权稳固,宦官、外戚尚未有干预中枢的机会。和帝年幼即位,窦宪兄弟执掌朝纲,外戚正式登上政治舞台。宦官、外戚把选举作为培植爪牙、营结党羽的途径,儒士之途阻塞。顺帝初左雄为尚书,上书整肃吏治的同时,对选举进行改革,主张回复到前期儒士吏化的正轨,强调试职,"乡部亲民之吏,皆用儒生清白任从政者,宽其负算(李贤注:负,欠也;算,口钱也。儒生未有品秩,故宽之),增其秩禄,吏职满岁,宰府州郡乃得辟举"③。儒士先任

①《抱朴子》外篇卷一五《审举》,上海古籍出版社1990年影印本。
②《后汉书》卷七八《宦者列传》。
③《后汉书》卷六一《左雄传》。

职位低下之职，满岁才能升迁。

阳嘉元年（132 年），左雄提出以"限年试才"为核心内容的"阳嘉新制"，上书说：

> 郡国孝廉，古之贡士，出则宰民，宣协风教。若其面墙，则无所施用。孔子曰"四十不惑"，《礼》称"强仕"。请自今孝廉年不满四十，不得察举，皆先诣公府，诸生试家法，文吏课笺奏，副之端门，练其虚实，以观异能，以美风俗。有不承科令者，正其罪法。若有茂才异行，自可不拘年齿。①

限年，四十岁以上方得选举；试才，诸生试家法，"家法"即朝廷钦定的经典；文吏试笺奏，"笺奏"即行政文书。东汉后期，儒士与文吏已经合流，士大夫阶层已经形成，但从选举的对象看，仍分为儒士与文吏两个类型。文吏通过荫官、赀选、征辟等途径产生，掌兵谷钱粮等具体事务，构成胥吏阶层。左雄指出，先由郡县考核，然后"副之端门"，即由朝廷考核。副，即覆问、核实；"端门"，其说有二，马端临指御史府，"端门，太微垣，左右执法所舍，即御史府，犹近世御史台，覆试，进士之法也。试之公府而覆之端门，此所以牧守

---

① 《后汉书》卷六一《左雄传》。

不敢轻举而察选清平也"①。胡三省认为是尚书受理章奏处，"宫之正南门曰端门，尚书于此受天下章奏。令举者先诣公府课试，以副本纳之端门，尚书审核之"②。胡氏之说为确。新制推行的次年，覆试之法即发挥了效用，《后汉书》卷六一《左雄传》载："明年，有广陵孝廉徐淑，年未及举，台郎疑而诘之。对曰：'诏书曰有如颜回、子奇，不拘年齿。'是故本郡以臣充选。郎不能屈。雄诘之曰：'昔颜回闻一知十，孝廉闻一知几邪？'淑无以对，乃遣却郡。于是济阴太守胡广等十余人皆坐谬举免黜，唯汝南陈蕃、颍川李膺、下邳陈球等三十余人得拜郎中。自是牧守畏栗，莫敢轻举。迄于永嘉（冲帝年号），察选清平，多得其人。"

从史籍记载看，新制推行的时间并不长，从阳嘉元年（132年）到冲帝永憙元年（此年号仅1年，即145年）共14年，却选举了大批士人，成为王朝的栋梁，政治效果不可低估，范晔赞说"东京之士，于兹盛焉"，举例说："若李固、周举之渊谟弘深，左雄、黄琼之政事贞固，桓焉、杨厚以儒学进，崔瑗、马融以文章显，吴�、苏章、种嵩、栾巴牧民之良干，庞参、虞诩将帅之宏规，王龚、张皓虚心以推士，张纲、杜乔直

---

①《文献通考》卷二八《选举一》。
②《资治通鉴·汉纪》胡三省注。

道以纠违，郎凯阴阳详密，张衡机术特妙。"①这些人在东汉后期浑浊的政治形势下大都起到了砥柱中流的作用。

左雄以"限年试才"为核心内容的选举改革，是对光武以来吏化政策的继承与深化，推行时间虽短却效果显著，说明了吏化政策对王朝政治的重要性。

三　士大夫政治人格的形成及特点

经过东汉前期的"吏化"，士、吏合流，新型政治人格——士大夫阶层基本形成。从更广阔的社会背景看，作为世卿世禄制贵族最低等级的"士"阶层，终于完成了自身身份的转换，实现政治角色的重新定位。在社会结构的巨变和重建中，士阶层的小部分下移为庶人，而主体部分却以文化知识为凭借转身为士大夫，成为封建政治的强固基础。自春秋、战国，历经秦、西汉至东汉前期，在长期的历史演变中，缺乏文化素养的文吏由在行政队伍中的垄断、主导地位逐步退居次要地位，而士人相应由政治的边缘走入中心，融合文吏并居主导地位，这个过程反映了历史的理性发展。

"士大夫"的名称从一个侧面反映了士人的政治历程。

―――――――――

① 《后汉书》卷六一《左周黄列传》。

检索哈佛燕京学社编制的《周礼》《左传》《礼记》等书的引得,绝大部分称"大夫士","士大夫"极少见到,说明社会变革初期等级制仍存的状况。即使"士大夫"连称,仍指士、大夫两个阶层,如《周礼·考工记序》:"坐而论道,谓之王公;作而行之,谓之士、大夫;审曲面执,以饬五材,以辨民器,谓之百工。"《仪礼·士相见礼》:"凡自称于君,士、大夫则曰下臣。"《仪礼·檀弓下》:"士、大夫既卒哭,麻不入。"其意义如《汉语大词典》《辞源》所界定:"指官吏或较有声望、地位的知识分子。"

士、大夫不相混同的状况在秦、西汉仍未改变。汉高祖十一年(前196年)下诏说:"今天下贤者智能岂特古之人乎?患在人主不交故也,士奚由进!今吾以天之灵,贤士、大夫定有天下,以为一家,欲其长久,世奉宗庙无绝也。……贤士、大夫有肯从我游者,吾能尊显之。"①高祖原本鄙弃儒士,但也能任用儒士,"士大夫"前缀"贤"字,显然"贤士"与"大夫"对举,指两个阶层,但已超越等级制社会中士与大夫的含义,概指文士与武将,如另一诏书说:"与天下之豪士与贤士大夫共定天下,同安辑之。……吾于天下贤士功臣,可谓亡负矣。"②前面将豪士与贤士大夫分而称之,

---

①②《汉书》卷一下《高祖纪下》。

后面又称贤士功臣,可见重在文、武之别。高祖以后诸帝诏书中屡称士大夫,意义与此相类。如武帝元朔元年(前 128 年)诏书说:"以百姓未恰于教化,朕嘉与士大夫日新厥业,祗而不懈。"元封元年(前 110 年)泰山封禅,诏说:"自新,嘉与士大夫更始,其以十月为元封元年。"①最能体现士大夫意义的是《史记》卷一一一《卫将军骠骑列传》末太史公之语:

> 太史公曰:苏建语余曰:"吾尝责大将军至尊重,而天下之贤大夫毋称焉,愿将军观古名将所招选择贤者,勉之哉。大将军谢曰:'自魏其、武安之厚宾客,天子常切齿。彼亲附士大夫,招贤绌不肖者,人主之柄也。人臣奉法遵职而已,何与招士!'"骠骑亦放(仿)此意,其为将如此。

卫青、霍去病本质上属奉职守法的文吏,排斥士人,故说"何与招士",卫青所言"士大夫"概指儒士与文吏两个阶层。

武帝以后,士大夫指官僚,其中的士、吏分别不甚重要,反映了士、吏日益合流的趋势,"士大夫"由联合词组逐渐转化为单纯词。如:宣帝时韦贤为臣相,其子玄成"素有名声,士大夫多疑其欲爵辟兄者"②;元帝时朱博为功曹,"伉侠好

---

①《汉书》卷六《武帝纪》。
②《汉书》卷七三《韦玄成传》。

交,随从士大夫不避风雨"①;成帝时胡常"居士大夫间,未尝不称述方进"②。这些例子中士大夫概指官僚,不再如西汉前期那样强调其中的阶层分别。这种现象至东汉更为突出,光武经营河北,耿纯力劝他即帝位,说:"士大夫捐亲戚、弃土壤,从大王于矢石之间者,其计固望其攀龙麟、附凤翼,以成其所志耳。"③光武功臣多近儒,此士大夫指光武功臣。桓谭于光武建武四年(28 年)上疏说:"陛下若能轻爵禄,与士大夫共之,而勿爱惜,则何招而不至? 何说而不释? 何向而不闻? 何征而不克?"④对界别、身份的忽视反映了混同与融合,《后汉书》卷一六《寇恂传》明确地点出了士大夫的士、吏合流身份,"(寇)恂明经修行,名重朝廷,所得秩奉厚施朋友、故人及从吏士。常曰:'吾因士大夫而致此,其可独享之乎?'时人归其长者,以为有宰相器"。寇恂以士大夫指朋友、故人及从吏士,这里的"吏士"意义与士大夫等同。《后汉书》卷二四《马援传》:"(马援说)'今赖士大夫之力,被蒙大恩,猥先诸君纡佩金紫,且喜且惭。'吏士皆伏称万岁。""士大夫"也与吏士相同。余英时通过考察把士大夫意义的

---

① 《汉书》卷八三《朱博传》。
② 《汉书》卷八四《翟方进传》。
③ 《后汉书》卷一上《光武帝纪上》。
④ 袁宏:《后汉纪》卷四,周天游《后汉纪校注》本,天津古籍出版社 1987 年版。

确立确定在东汉初年，他说："谨慎一点说，至少在东汉政权建立之际，它已有现在我们所说的'士大夫阶层'之意义。因之，此所谓'士大夫'，自不仅限于追随光武起事的少数功臣，而可以在概念上将士族、大姓、缙绅、豪右、强宗等等不同的社会称号统一起来，尽管这些人的社会成分在大同之中存在着小异。"①从士大夫所属的社会阶层看，余氏之言有合理性，上述士大夫含义的演变过程可以反映出来；但余氏之言也不甚准确，士大夫作为一种较成熟的政治人格，在经过东汉前期的吏化以后才基本确立，从下面两汉四百余年中历朝公卿中儒者所占比例可以看出。

前已有述，士大夫阶层是士、吏由冲突到融合而形成的，这个过程是儒士逐步走向政治舞台中心的过程，学者对两汉历代公卿中所占比例的统计清晰地揭示了这一过程②：

朝代 人数	高帝	惠帝	高后	文帝	景帝	武帝	昭帝	宣帝	元帝	成帝	哀帝	平帝	光武帝	明帝	章帝	和帝	殇帝	安帝	顺帝	桓帝	灵帝	献帝
公卿总人数	21	17	19	32	38	146	41	73	53	121	55	41	54	41	32	33	37	42	45	50	71	50
公卿中儒者	1	1	2	2	1	7	4	16	13	25	13	11	20	16	14	14	16	16	21	22	25	13
儒者所占比例(%)	4.8	5.9	10.5	6.3	2.7	4.8	9.8	21.9	24.5	20.7	23.6	26.8	37	39	43.8	42.4	43.9	38.1	40.7	44	35.2	26

① 余英时：《士与中国文化》，上海人民出版社 1987 年版，第 284 页。
② 马彪：《试论汉代儒宗地主》，《中国史研究》1988 年第 4 期。

表中反映出，西汉武帝以前是法家政治，儒士被排斥，公卿中儒者所占比例极小；武帝独尊儒术以后，儒士的政治地位有所提高，但仍处"缘饰"的地位，儒者的实际政治地位并没有实质性改变；公卿中儒者在好儒的元帝及王莽主政的哀、平时期比例稍有提高，仍未突破百分之三十。光武即位，实行吏化政策，公卿中儒者比例明显提高，章帝以后超过百分之四十，表明儒者政治地位已经确立，士大夫政治人格已经形成。

士大夫由儒士和文吏融合而成，兼有士、吏的双重品格，脱胎于士、吏又不同于士、吏，是一种新型政治人格。既有专制政治正统意识，又具有优事理乱的实践素养；既不像传统儒士那样恪守"君子不器"的信念清高自守，又不同于传统文吏峻峭刻薄。意识上信守君权天授，又具民本因素；行为上效忠君主朝廷，又注重修身自守。既是专制统治的维护者，又是正统文化的传承和传播者。从身份上看，士大夫既可是出仕的官僚，又是未出仕的士绅，前者职能主要体现在政治实践上，后者职能主要体现在文化传承、社会教化上。由于社会的宗法、地缘性特征，士绅在基层社会中往往充当专制政治化身的角色，主宰社会基本价值观念，垄断地方文化，为专制政治培养后继人才。因此，官僚和士绅同为士大夫的组成部分，充当专制政治的基础，吴晗的分析至为确当：

> 照我的看法，官僚、士大夫、绅士、知识分子，这四
> 者实在是一个东西，虽然在不同场合，同一个人可能具
> 有几种身份，然而，在本质上，到底还是一个。……平
> 常，我们讲到士大夫的时候，常常就会联想到现代的
> "知识分子"。这就是说，士大夫和知识分子，两者间必
> 然有密切的关联。官僚就是士大夫在官位时的称号，
> 绅士是士大夫的社会身份。①

据吴晗之意，士大夫包括官僚和士绅两个阶层，居官则为官
僚，未居官则为士绅，同为封建政治的基础。

《汉书》和《后汉书》都有《循吏传》，循吏被视为官僚的
典范，比较两汉的循吏会发现明显的区别：西汉循吏重视教
化，恪尽职守，注重自身人格修养；东汉循吏除了具备西汉
循吏的特质外，最显著的特点是对主体意识层面的名节高
度重视，或修身持己，或孝悌礼让，或尚节好义。如：卫飒，
"家贫好学问，随师无粮，常佣以自给"②。许荆，乃父许武欲
让二弟显名，分室别灶，自取肥田广宅，甘受乡人指摘，自己

---

① 转引自阎步克《士大夫政治演生史稿》，第3—4页，北京大学出版社1996
　年版。
② 以下未注皆据《后汉书》卷七六《循吏列传》。

也因此获得名声,位至长乐府;许荆侄儿报杀人,被仇者操刀追击,许荆跪迎愿代受戮。第五访,"少孤贫,常佣耕以养兄嫂,有闲暇,则以学文。"孟尝"少修操行"。刘距"少有高节"。刘宠,"母疾,弃官去。百姓将送塞道,车不得进,乃轻服循规"。仇览,"农事既毕,乃令子弟群居,还就黉学,其剽轻游态姿者,皆役以田桑,严设科罚。躬助丧事,赈恤穷寡"。童恢,"少仕州郡为吏,司徒杨赐闻其执法廉平,乃辟之。及赐被劾当免,掾属悉投刺去,恢独诣阙争之。及得理,掾属悉归府,恢杖策而逝"。这些事例说明,东汉循吏作为士大夫的楷模,不仅表现在政绩上,更重要的是表现在人格上,这种人格不是原始儒学的君子人格,而是被专制政治意识化了的政治人格。

如杨震深通儒学,被誉为"关西孔子",任东莱太守时一次途经昌邑(治今山东巨野南),"故所举荆州茂才王密为昌邑令,谒见,至夜怀金十斤以遗震。震曰:'故人知君,君不知故人,何也?'密曰:'暮夜无知者。'震曰:'天知,神知,我知,子知,何谓无知!'密愧而出。"[1]安帝朝官至太尉,子孙世享高位,子杨秉桓帝朝任太尉,说:"我有三不惑:酒、色、财也。"杨震所言的天、神,杨秉的"三不惑",形象地体现了士

---

[1]《后汉书》卷五四《杨震列传》。

大夫的自觉、自律意识。所谓自觉、自律，是外在名分内化的结果，超越了纯粹的道德、伦理意义，表面上看与君子人格无甚区别，实际上发生了质的变化。

变化还体现在待经学的态度上。东汉儒士虽仍讲师承家法，但不像西汉那样恪守门别、党同伐异。儒士们常聚会论辩，服膺贤者，颇有一种探讨学术的氛围，反映了对共同价值标准的认同和遵守。儒士间常以风谣这种韵文学方式相互推许，相互激励。如许慎学问渊深，被称为"《五经》无双许叔重"[①]；贾逵是著名经师，身材高大，很少有问题能难得住他，世称"问事不休贾长头"[②]；杨政（字子行）善说经书，世称"说经铿铿杨子行"[③]；黄香自幼家贫，但刻苦向学，大器早成，世称"天下无双，江夏黄童"[④]；井丹（字大春）辩才无碍，被称"五经纷纶井大春"[⑤]；白虎观会议上，"（丁）鸿以才高，论难最明，诸儒称之，帝数嗟美焉，时人叹曰：'殿中无双丁孝公'"[⑥]。戴凭（官任侍中）学识超群，辩论中舌克五十余人，因而独坐五十余席，京师流行说："解经不穷戴侍中。"[⑦]

①《后汉书》卷五四《杨震列传》。
②③《后汉书》卷七九《儒林列传》。
④《后汉书》卷七〇上《文苑列传上》。
⑤《后汉书》卷八三《逸民列传》。
⑥《后汉书》卷三七《丁鸿传》。
⑦《后汉书》卷七九《儒林列传》。

冯豹(字仲之)"长好儒学,以《诗》《春秋》教骊山下,乡里为之语曰'道德彬彬冯仲之'。"①张禹善《论语》,"诸儒为之语曰:'欲为《论》,念张文'"②。鲁丕(字叔陵)兼通五经,"关东号之曰:'《五经》复兴鲁叔陵'"③。

这种宽容、开放的学术风气在西汉儒士中难以见到。学术上门别的淡化反映了士人个体意识的萎缩及意识上一统的加强,以专制的一统意识取代天下学术,意味着学术自由性的退步,专制社会中,士人的主体意识与专制政治意识总是构成此消彼长的两极。陈登原注意到两汉经学上的这种区别,他说:"以家法师法为不必拘胶,以穿凿臆说为可以解经,此又为东京儒学一新方面。……所谓意说,殆已接近宋儒所谓优游吟哦,西汉时尚无此等现象。"④

总之,无论在实践上还是在意识上,士大夫都与专制政治紧密地结合在一起,东汉后期的汝、颍名士成为士大夫的中心,在政治舞台上扮演重要的角色,孔融论说:"汝南许子伯(劭)与其友人共说世俗将坏,因夜起举声号哭,颍川士虽

---

① 《后汉书》卷八二下《冯豹传》。
② 《后汉书》卷四四《张禹传》。
③ 《后汉书》卷二五《鲁丕传》。
④ 《国史旧闻》卷一五"东西汉儒学比较",中华书局1962年版。

颇忧时，未有能哭世者也。"①孔融意在评论汝、颍士大夫的
区别，但可以看出两地士大夫都非常忧时伤世，只在程度上
有细微之别，东汉后期的政治实践说明他们无愧于专制政
治的基础。同时，在巨大的政治顿挫中，士大夫的政治人格
发生转向。

---

① 孔融：《汝颍优劣论》，严可均《全上古三代秦汉三国六朝文·全后汉文》卷
八三，中华书局 1965 年影印本。

第四章　士大夫政治人格的实践及转向

（和帝—献帝）

一　士大夫政治人格的实践

《后汉书》的作者范晔生活于士人主体性突出的南朝，其人鄙视权贵，菲薄公卿，恃才傲物，这些特点也寄托于他所记载的后汉士人身上，全书内容主要围绕士人群体而展开。《后汉书》带有明显的作者主观色彩，也正是后汉士人与范晔品格上的同质性构成了他寄寓的基础。因此，范晔对后汉末士人的记述不免有夸饰之嫌，但总体上反映了历史的真实，仍是后人凭借的基本文献。

东汉自和帝始，政治一步步陷入混乱的深渊，表现在诸帝多为夭折。太后临朝，外戚、宦官用事，诸帝多短寿夭亡，从在位年数即知，和帝 17 年，殇帝 1 年，安帝 19 年，少帝 7 个月，顺帝 19 年，冲帝 1 年，质帝 1 年，桓帝 21 年，灵帝 22 年，献帝 31 年（献帝实为政治傀儡，故在位年数稍长）。其中，安、质、桓、灵为外戚所立，窦、邓、阎、梁、窦、何六后临朝。外戚立幼帝或临朝执政，幼帝成年后便利用身边的宦官打击外戚势力，宦官势力因而坐大，这样陷入外戚、宦官交替专政的怪圈，皇帝成为争夺的焦点，实际上成为政治的玩偶。如和帝时窦太后兄窦宪掌政，和帝永元四年（92 年）宦官郑众诛宪；继之邓太后立殇帝，其兄邓骘掌政，宦官李闰、江京等诛杀邓氏；安帝时阎后临朝，其兄阎显掌政，宦者孙程等诛阎显，立顺帝；顺帝朝梁后掌政，其父兄梁商、梁冀专权，桓帝延熹二年（159 年）宦者唐衡、单超、左悺、徐璜、具瑗"五侯"诛梁氏；桓帝朝窦后掌政，其父窦武专权，为宦者曹节、王甫所杀；灵帝朝何后执政，其兄何进专权，为宦者张让、段珪所杀，张、段最终被董卓所杀，东汉王朝名存实亡。外戚之中以邓、梁最为显贵：邓家封侯者 29 人，位至三公者 2 人，大将军以下 13 人，中二千石 4 人，列校 22 人，州牧、郡守 48 人，侍中、将、大夫、郎、谒者不计其数；梁氏一门前后 3 皇后、7 侯、6 贵人、2 大将军，卿、将、尹、校 57 人。此外，卖身投靠、朋比为奸者不计其数,遍布各个阶层、各个地区。①

外戚、宦官作为王朝政治的异己势力,与王朝政治的基础——士大夫阶层截然对立,和帝至献帝每朝政治都是外戚—宦官专制的循环往复。循环往复之中,政治腐败的程度日益加剧,士大夫的匡时救世与砥柱中流作用日益凸显。在与外戚、宦官势力的两阵对垒中,士大夫阶层自然地结成政治集团,被称为"党人",范晔点出了党人形成的直接契因:"逮桓、灵之间,主荒政谬,国命委于阉寺,士子羞与为伍,故匹夫抗愤,处士横议,遂乃激扬名声,互相题拂,品核公卿,裁量执政,婞直之风,于斯行矣。"②著名的党人有"三君""八俊""八及""八厨",这些称号鲜明地反映了他们的政治人格,"君者,言一世之所宗也";"俊者,言人之英也";"顾者,言能以德行引人者也";"及者,言其能导人追宗者也";"厨者,言能以财救人者也"。③ 这些士林精英被士大夫引为楷模,在同腐朽势力的斗争中起了核心作用。下面择要叙述士大夫的政治实践。

士大夫以天下为己任,体现出强烈的王朝政治意识,矛

---

① 参见钱穆《国史大纲》(修订本)上册,第159页。商务印书馆1994年重印台北商务印书馆1974年刊本。

②《后汉书》卷六七《党锢列传序》。

③《后汉书》卷六七《党锢列传》。

头直指外戚、宦官。顺帝于汉安元年（142年）"先遣八使巡
行风俗，皆耆儒知名"，年轻使者张纲独埋车于洛阳都亭，
说："豺狼当道，安问狐狸"，指向当朝外戚，其他使者"安察
天下，多所劾奏，其中并是宦官亲属"。① 李固、杜乔与李膺、
杜密都合称"李杜"，是士大夫中的杰出代表。李固于士林
之中极负声誉，"四方有志之士，多慕其风而求学"。在立嗣
问题上与炙手可热的外戚梁冀相对抗，被梁罗织罪名下狱，
刑前致人书说："固受国厚恩，是以竭其股肱，不顾死亡，志
欲扶持汉室，比隆文、宣。……汉家衰微，从此始矣。"② 可
见，他的临终关怀是汉家王朝的治乱兴衰。李固被处死后
在士大夫中引起强烈共鸣，弟子汝南郭亮、南阳董班守尸恸
哭，久不肯去。与李固同时的杜乔以正直被梁冀视为李固
同党，系死狱中，曝尸城北，弟子也星夜赴吊。范晔赞说：
"岂不知守节之触祸，耻夫覆折之伤任也。……至矣哉，社
稷之心乎！"③ 范晔激赏党人的"社稷之心"。李、杜之死，激
起士大夫的群体意识，"直如弦，死道边；曲如钩，反封侯"④
的风谣就此流行天下，"直如弦"指李、杜，"曲如钩"指梁冀，

① 《后汉书》卷五六《张纲传》。
② 《后汉书》卷六三《李固传》。
③ 《后汉书》卷六三《李杜列传》论。
④ 应劭：《风俗通义》，上海古籍出版社1990年影印本。

潜藏在风谣背后的是激愤,化为斗争的动力。

李膺"风格秀整,高标自持,欲以天下名教是非为己任"①。性格方正、"简亢"②,嫉恶如仇,严整风纪。宦官张让弟张朔为非作歹,惧李膺惩罚,藏于张让府合柱中,膺派人破柱取朔,下洛阳狱,"受词毕,即杀之"。③朝政污秽不堪,李膺激浊扬清,理所当然受到士大夫的推重与拥戴,以与李膺交结为莫大荣耀,称为"登龙门"。很显然,李膺人格魅力的核心在其政治人格。第二次党锢祸起,宦官大肆搜罗、残杀士大夫,"乡人谓膺曰:'可去矣。'对曰:'事不辞难,罪不逃刑,臣之节也。吾年已六十,死生有命,去将安之?'乃诣诏狱。考死,妻子徙边,门生、故吏及其父兄并被禁锢。"④李膺把尽心朝廷视为臣节,死生置之度外。杜密,"为人沉质,为有厉俗志"⑤,因党事致祸,不甘宦官羞辱,自杀。

再如陈蕃,少怀澄清天下之志,尝言"大丈夫处世,当扫除天下,安事一室乎"⑥。与宦官、外戚针锋相对,屡为李云、李膺等士大夫辩护,桓帝时与窦武等谋诛宦官曹节、王甫,不料事泄,"蕃时年七十余,闻难作,将官属诸生八十余人,

---

① 刘义庆:《世说新语·德行》,徐震堮《世说新语》校笺本,中华书局1984年版。
②③④⑤《后汉书》卷六七《党锢列传》。
⑥《后汉书》卷六六《陈蕃传》。

并拔刃突入承明门。……蕃拔剑叱甫，甫兵不敢近，乃益人围之数十重，遂执蕃送黄门北寺狱……即日害之。"①陈蕃被害后，时为铚（治今安徽宿县）令的朱震（字伯厚）弃官往吊，并藏匿蕃子，宦官发觉后严刑拷打，朱震不吐一言，士人赞他说："车如鸡栖马如狗，嫉恶如风朱伯厚。"②

陈蕃剑叱王甫对东汉后期政治颇有象征意义：其一，陈蕃为维护皇权，以年迈之躯率领一群孱弱之众与虎狼之卒对抗，说明了士大夫不计死生的无畏品格和维护王朝的坚贞节操，同时也说明了士大夫的作用已发挥到极致。其二，宦官作为王朝的异质因素借助王权镇压、诛灭作为王朝政治基础的士大夫，说明专制政治自建立之始就陷入无力自拔的矛盾之中。其三，陈蕃年迈被诛，宗族、门生、故吏皆被斥免禁锢，强烈的王朝观念换来的却是被排斥，心理上的巨大顿挫必然导致士大夫政治人格的分裂与转向。

在与宦官、外戚的斗争中，士大夫政治人格集中体现为强烈的王朝意识，以澄清天下、整肃风纪为己任；性格耿直方正，嫉恶如仇，斗争坚决。王朝意识通过气节体现出来，不计死生得失，成仁取义，足以让后人动容。杨震被宦官陷

---

① ②《后汉书》卷六六《陈蕃传》。

害,不忍受辱,饮鸩自尽前谓家人说:"死者,士之常分。"①杨氏之言表达了士大夫的死生观,如李膺自投狱,范滂从容上道,范滂下狱后,"狱吏将加掠拷,滂以同囚多婴病,乃请先就格,遂与同郡袁忠争受楚毒"②。党锢祸发后,陈寔说"吾不就狱,众无所恃"③,遂主动入狱。士大夫甚至以未受党事牵连为耻,如皇甫规,"及党锢事起,天下高贤多被染逮,规为名将而素誉不高,自以西州豪杰耻不得与,及上言:臣先荐张奂,是附党也"④。景毅,"其子为膺门徒,不及于谴,毅慨然曰:'本谓膺贤遣子教之,岂可漏夺名籍苟安而已。'遂自表免归。时人义之"⑤。

太学生是士大夫中未出仕阶层的代表,同样表现出积极的政治热情,其作用主要体现在舆论方面,与居位者相呼应。汉末的太学成为政治的熔炉,置身其中不可避免地受其风气熏染,仇览在太学的经历生动地体现了太学中强烈的文化渗透氛围:

　　[仇]览入太学,时诸生同郡符融有高名,与览比宇,宾客盈室。览常自守,不与融言。融观其容止,心

---

①《后汉书》卷五四《杨震列传》。
②⑤《后汉书》卷六七《党锢列传》。
③《后汉书》卷六二《陈寔传》。
④《后汉书》卷九五《皇甫规传》。

独奇之，乃谓曰："与先生同郡壤，邻房牖。今京师英雄四集，志士结交之秋，虽务经学，守之何固？"览正色曰："天子修设太学，岂但使人游谈其中。"高揖而去，不复与言。后融以告郭林宗，林宗因与融赍刺（名片）就房谒之，遂请留宿。林宗嗟叹，下床为拜。①

郭林宗为太学魁首，仇览对符融等从"高揖而去"到"遂请留宿"态度上的转变，表明了他对太学主流文化的认同。此时的太学不再是单纯的经学园地，相对于"志士交结"，读经已经退居到非常次要的地位。太学之中政治气氛浓厚。

与西汉的博士弟子大为不同，太学生对政治风云极为关注。这是因为太学生是士大夫的后备队，是王朝政治的基础与栋梁，自然对其政治前途、政治生命极为关心。宦官、外戚也正是看准这一点，在残酷打击的同时，对士大夫整体上予以禁锢。因此，士大夫（包括太学生）在事关政治生命的紧要关头拼死抗争，十分惨烈。

太学生以党人领袖作为立身处世的楷模，时刻关注着政坛的风云际会，在与宦官、外戚的斗争中，同居位的士大夫同气相吸，风谣唱和，范晔记载说：

初，桓帝为蠡吾侯，受学于甘陵周福，及即帝位，擢

---

① 《后汉书》卷七六《循吏列传》。

福为尚书。时同郡河南尹房植有名当朝,乡人为之谣
曰:"天下规矩房伯武,因师获印周仲进。"二家宾客,互
相讥揣,遂各树朋徒,渐成尤隙,由是甘陵有南北部,党
人之议,自此始矣。后汝南太守宗资任功曹范滂,南阳
太守成瑨亦委功曹岑晊,二郡又为谣曰:"汝南太守范
孟博,南阳宗资主画诺。南阳太守岑公孝,弘农成瑨但
坐啸。"因此流言转入太学,诸生三万余人,郭林宗、贾
伟节为其冠,并与李膺、陈蕃、王畅更相褒重。学中语
曰:"天下模楷李元礼,不畏强御陈仲举,天下俊秀王叔
茂。"又渤海公族进阶、扶风魏齐卿,并危言深论,不隐
豪强,自公卿以下莫不畏其贬议,屣履到门。①

"党人"是士大夫阶层同宦官、外戚势力对垒时而形成的称
呼,房、周二家宾客各护其主,发生党争在情理之中。但东
汉末的党争超越了封建社会中一般意义上朋党之争的范
畴,是士大夫与腐朽势力之争,其中是非曲直皎然。风谣是
士大夫议政、传播舆论的有效途径,所谓"名行善恶,托以谣
言"②,"谣言"即风谣,上述风谣就是太学生对时政的品评。
周福因师获进,房植虽孚众望但见斥,士大夫以风谣批评桓

---

① 《后汉书》卷六七《党锢列传序》。
② 袁宏:《后汉纪》卷二二《桓帝纪下》。

帝的用人不公；范滂、岑晊都为著名党人，在士大夫中声誉卓著。成瑨、宗资知人善任，谢承《后汉书》说："成瑨少修仁义，笃学，以清名见。举孝廉，拜郎中，迁南阳太守。郡旧多豪强，中官黄门磐互境界。瑨下车，振威严以捡摄之。是时桓帝乳母、中官贵人外亲张子禁，怙恃贵执，不畏法纲，功曹岑晊劝使捕子禁付宛狱，笞杀之。桓帝征瑨，下狱死。宗资字叔都，南阳安众人也，家代为汉将相名臣。……资少在京师，学《孟氏易》《欧阳尚书》。举孝廉，拜议郎，补御史中丞、汝南太守。署范滂为功曹，委任政事，推功于滂，不伐其美。任善之名，闻于海内。"①可见，范滂与宗资、岑晊与成瑨之间名节相尚，相互称美，委任政事整肃风纪，风谣对他们的嘉德懿行予以赞赏推重。太学之中流行推重李膺、陈蕃、王畅等的风谣，说明太学生与党人实际上已结为一体。

太学生主要以清议的形式品评时政②，裁量人物，左右当时的舆论。司马光说："太学诸生三万人，汉末互相标榜，清议此乎出。"③他们"危言深论，不隐豪强"④，形成强大的舆论力量，以致"自公卿以下莫不畏其贬议，屣履到门"。不

---

① 《后汉书》卷六七《党锢列传》引谢承《后汉书》。
② 参见王保顶《后汉风谣、清议与士人品格》，台北《孔孟月刊》第 34 卷第 11 期（1996 年 7 月号）。
③ 《资治通鉴》卷一五。
④ 顾炎武：《明夷待访录·学校》，中华书局 1981 年排印本。

仅如此,太学生还直接参加政治斗争,如宦官徐璜等向皇甫规索贿不成,借故将规下狱治罪,"诸公及太学生张凤等三百余人诣阙讼之"①。桓帝永兴元年(153年),冀州刺史朱穆与宦官赵忠发生冲突,被判"输作左校"(带刑具服役),"太学生颍川刘陶等数千人诣阙上书","愿黥首系趾,代穆输作"。② 后来,太学生也遭到如党人相同的斥免禁锢的打击。

清议以当世基本价值准则品人论政,实质上是维护社会基本价值体系,与实际政治斗争相表里,具有更深层次的文化意义。晋代山涛说:"至于后汉,女君临朝,尊官大位出于阿保,斯乱之始也。是以郭泰、许劭之伦,明清议于草野;陈蕃、李固之徒,守忠节于朝廷。"③傅玄则针对晋代的社会政治状况激愤地说:"使天下无复清议,而亡秦之病复发于今。"④顾炎武则把清议提升到维护天下兴衰的高度:"天下风俗最坏之地,清议尚存,犹足以维持一二,至于清议亡而干戈至矣。"⑤这些学者的论述有各自的现实背景,但从一个侧面反映了太学生的突出作用。

---

①《后汉书》卷六五《皇甫规传》。
②《后汉书》卷四三《朱穆传》。
③《晋书》卷四三《山涛传》。
④《晋书》卷四七《傅玄传》。
⑤《日知录》卷一三"两汉风俗"条。

东汉后期的政治实践表明,士大夫不愧为大一统王朝的坚强柱石,与西汉末的历史形成鲜明对比,范晔对此有精辟的议论,《后汉书》卷六六《陈蕃传》云:

> 桓、灵之世,若陈蕃之徒,咸能树立风声,抗论惛俗,而驱驰险厄之中,与刑人腐夫同朝争衡,终取灭亡之祸者,彼非不能洁情志、违埃雾也。……功虽不终,然其信义足以携持民心,汉世乱而不亡,百余年间,数公之力也。

《后汉书》卷六一《左周黄列传》论云:

> 《诗》云:"靡不有初,鲜克有终。"可为恨哉!及孝桓之时,硕德继兴,陈蕃、杨秉处称贤宰,皇甫、张、段出号名将,王畅、李膺弥缝衮阙,朱穆、刘陶献替匡时,郭有道奖鉴人伦,陈仲弓弘道下邑。其余鸿儒远智,高心洁行,激扬风流者,不可胜言。而斯道莫振,文武陵队(坠),在朝者以正义婴戮,谢事者以党锢致灾。往车虽折,而来轸方遒,所以倾而未颠、决而未溃,岂非仁人君子心力之为乎?呜呼!

范氏之论尚不完全、确切,表现为如下两个方面:其一,过于看重士大夫精英阶层的作用。精英阶层的表现是卓越的,东汉大一统王朝自和帝以后尚能维持百余年,应归功于整个士大夫阶层,归结为"二三君子"之功有失片面。士大夫阶层自觉地与王朝融为一体,在朝美政,在乡美俗,形成广泛、强固的政治基础。宋代学者刘攽深刻地指出:"东西汉时,贤士长者,未尝不仕郡县也。自曹掾、书史、驭吏、亭长、门干、街卒、游徼、啬夫,尽儒生学士为之。才试于事,情见于物,则贤不肖皎然,故遭事不惑而知其智,临难不避而知其节,临材不私而知其廉,应对不滞而知其辨。苟如是,则察举易,而贤士大夫自此出矣。"①严格说来,刘攽所论应是东汉的情况,儒士吏化为士大夫,具备了捍卫专制政治的品格,构成维系王朝政治的基本因素。其二,范晔没有指出士大夫政治品格的形成根源,司马光所论显然高出一筹,道出了历史表象后面的本质,司马光说:

> 及孝和以降,贵戚擅权,嬖幸用事,赏罚无章,贿赂公行,贤愚混淆,是非颠倒,可谓乱矣。然犹绵绵不至于亡者,上则有公卿大夫袁安、杨震、李固、杜乔、陈蕃、李膺之徒面引廷争,用公义以扶其危;下则有布衣之士符融、郭泰、范滂、许劭之流,立私论以救其败。是以政治虽浊而风俗不衰,至有触冒斧钺、僵仆于前,而忠义奋发,继起于后,随踵就戮,视死如归。夫岂特数子之

---

① 《彭城集》卷三四《送焦千之序》,《丛书集成初编》本。

贤哉？亦光武、明、章之遗化也。……以魏武之暴戾强抗，加有大功于天下，蓄无君之心久矣，乃至没身不敢废汉自立，岂其志不欲哉？犹畏名义而自抑也。①

司马光的深刻之处在于，第一，他看出了"公卿大夫"与"布衣之士"的共同作用；第二，他看出了东汉士大夫的精神源于光武、明、章之"遗化"，即意识上把忠节纳入气节之中，实行吏化，造就出士大夫政治品格，司马光指出了历史的这种因果关系和逻辑关系。

二　士大夫政治人格的转向

士大夫在同宦官、外戚坚决斗争的同时，政治人格也逐渐转向，酷烈的斗争构成转向的前提。转向，指意识向度上的变化，非指政治人格模式上的变化。士大夫强烈的王朝意识换来的却是残酷镇压的回报，两次党禁尤其是第二次党禁，死者百余人，受牵连而死、徙、废、禁者达六七百人，忠而见疑、忠而被弃对士人心理构成巨大的伤害，士大夫逐渐疏离政治，政治人格发生转向：由外在名分走向自我天地，清议由评人论政转向人伦品鉴和形而上学的清谈。朱熹通

①《资治通鉴》卷六八。

过荀氏一门政治取向的变化形象地说明了转向的过程："荀淑正言于梁氏用事之日,而其子爽濡迹于董卓,孙或称臣于曹操,盖则大方正之气折于凶虐,而至于渐图所以容身。"①

政治人格的转向与政治的腐败、党人的斗争及被镇压同步进行。政治愈腐败,党人斗争愈坚决,宦官、外戚的镇压愈残酷,转向也愈明显。士人痛心疾首地说:

> 权移外戚之家,宠被近习之竖,亲其党类,用其私人,内充京师,外布列郡,颠倒贤愚,贸易选举,疲弩守境,贪残牧民,扰乱百姓,愤怒四夷,招致乖叛,乱离斯瘼……水旱为灾,此皆戚宦之臣所致然也。反以策让三公,至于死免,乃足为叫呼苍天、号咷泣血者也。②

转向是在号咷泣血的悲怆气氛中进行的,以下几起典型事例可以反映出来:

其一,桓帝建和元年(147年)李固、杜乔被梁冀下狱致死,曝尸道旁,李固学生郭亮、杜乔属吏杨匡与南阳董班临尸痛哭,守吏欲试法,郭亮慷慨陈词:"义之所动,岂知性命?何为以死相惧邪!"郭、董"二人由此显名,三公并辟,班遂隐

---

① 《朱子文集》卷三五《答刘子澄》,转引自陈登原《国史旧闻》卷一四"太学生与清议"条。
② 《后汉书》卷四九《仲长统传》引统《昌言·法诫篇》。

身,莫知所归"。① 士之仕犹农夫之耕,这种观念在东汉士大夫中尤为强烈,董班的退隐是出于对政治的极度失望。宦官、外戚对士大夫政治信仰的打击确是震撼性的,如李固入狱之初,门生王调贯械上书,证固之枉,河内赵秉等数十人亦诣阙为固诉枉,李固终被太后赦免,"及出狱,京师市里皆称万岁。冀闻之大惊,畏固名德终为己害,乃更据奏前事,遂诛之,时年五十四"②。李固获赦让士大夫重见一丝重振朝纲的曙光,但桓帝没有顺从大势,梁冀依凭皇权诛杀李固,士大夫刚刚被激活的政治热情陡然降到冰点,可见士大夫心灵震撼之巨。③

其二,朝政昏聩,党人领袖为众望所归,成为士大夫的精神寄托,第一次党锢祸后,李膺、范滂等免归乡里,得到士大夫的热烈欢迎,"膺免归乡里,居阳城山中,天下士大夫皆高尚其道,而污秽朝廷"。"滂后事释南归,始发京师,汝南、南阳士大夫迎之者车数千辆。"④但同样令士大夫痛心疾首的是,李、范等在第二次党锢之祸的全国性残杀中亦未幸免,士大夫失去精神寄托,失去精神家园,品格上发生转向就自然而然了。

---

① ②《后汉书》卷六三《李固传》。
③ 参见罗宗强《玄学与魏晋士人心态》,浙江人民出版社 1991 年版。
④《后汉书》卷六七《党锢列传》。

其三,范滂事例颇具典型性和代表性。与李膺、陈蕃等
著名党人相同,范滂"少厉清节","滂登车揽辔,慨然有澄清
天下之志。及至州境,守令自知臧污,望风解印绶去"。他
性格方正,"滂在职,严整疾恶,其有行违孝悌、不轨仁义者,
皆扫迹斥逐,不与共朝"①。桓帝建宁二年(169 年),宦官大
肆拘捕党人,为了不连及督邮,他自投狱,县令郭揖挂官欲
与他一同逃亡,范滂不肯,说:"滂死则塞祸,何敢以罪累君,
又令老母流离乎?"随即与母诀别,其母也深明大义,说:"汝
今得与李、杜(李膺、杜密)齐名,死亦何恨!既有令名,复求
寿考,可兼得乎?"遂从容送别范滂说:"吾欲使汝为恶,则恶
不可为;使汝为善,则我不为恶。"②有"令名"者当享"寿考",
"令名"体现社会价值,"寿考"体现社会判断,范滂母言令名
与寿考不可兼得,准则与判断发生背离,这是王朝政治的悲
剧,表明统治基础的毁坏。

如果说李膺、陈蕃身上体现的是捍卫王朝的彻底斗争
精神,那么范滂身上则更多地体现出尽节王朝后的失意与
迷惘。范滂以铮铮之言斥责王甫等蠹政误国后"慷慨仰天
曰:'古之循善,自求多福;今之循善,身陷大戮。身死之日,

①②《后汉书》卷六七《党锢列传》。

愿埋滂于首阳山侧，上不负皇天，下不愧夷、齐"①。范滂之言与范母所说异曲同工，"循善"招致"大戮"，价值与判断发生背离，乾坤倒转，价值体系被颠倒了，只有责问苍天、从往古贤人志士处寻求精神的慰藉，强烈的现世情怀逐渐淡漠、退化了。

士大夫外在名分意识淡化，逐渐走入以自身为中心的主观世界，评价人物的依据由德行政绩转为言谈行为，人伦品鉴作为专门之学勃然而兴，其特点以言谈举止、洒扫进退作为品鉴人物的标准与内容，即"清虚"化。郭泰是这种转向过程中的关键性人物，陈寅恪先生认为人伦品鉴之学自郭泰始②，至为确当。《后汉书》卷六八《郭泰传》记述了他品鉴人物的十个事例，可以看出品鉴对象上不计贵贱贤愚，内容上劝学行善，追求人格的完善，而对外在名分不甚在意。《世说新语·德行》所载事例反映了这个特点："郭林宗至汝南，造袁奉高，车不停轨，鸾不辍轭；诣黄叔度，乃弥日信宿。人问其故，林宗曰：'叔度汪汪如万顷之波，澄之不清，扰之不浊，其器深广，难测量也。'"

与东汉前期士大夫中对学术、德行的风谣式品题相较，

---

① 《后汉书》卷六七《党锢列传》。
② 陈寅恪：《逍遥游向郭义及支遁义探源》，《金明馆丛稿二编》，上海古籍出版社 1980 年版。

郭泰的转向一目了然:疏离残酷的政治斗争,以求得全身远祸,诚如范晔所说:"林宗虽善人伦,而不为危言核(骇)论,故宦官擅政而不能伤也。及党事起,知名之士多被其害,唯林宗及汝南袁宏得免焉。"①但郭泰毕竟还是转向过程中人,仍割舍不了士大夫的政治情怀,除却不下对王朝政治的殷殷眷恋,恬淡的背后是激愤,史载:"建宁元年,太傅陈蕃、大将军窦武为阉人所害,林宗哭之于野,恸。既而叹曰:'人之云亡,邦国殄瘁。''瞻乌爰止,不知谁之屋'耳。"②可见他报效无门的激愤心情。当世士大夫都与他相类,灵犀相通,如徐稺(字孺子)颇受陈蕃赏识,专为他置一榻,稺来则下。但徐稺的政治热情远不及陈蕃,也不及郭泰,他对郭泰说:"大树将倾,非一绳所维,何为栖栖,不遑宁处?"③

郭泰的典型意义就在于处在转向的过程之中,既偏离了汝、颍士大夫那样的政治人格类型,又与魏晋名士有别,他的人伦品鉴仍以正统的价值体系作为参照系,注重人物的"异操",目的在于以异操获取声誉,吸引统治者的关注目光,因而还具有政治色彩,如汤用彤所说:"《后汉书》袁奉高

---

① ②《后汉书》卷六八《郭泰传》。
③《后汉书》卷五三《徐稺传》。

不修异操而致名当世,则知当世修异操以要声誉者多也。"①
魏晋的人物品藻更多带有超功利的色彩,超越现世价值体
系,反映了经过精神煎熬与激荡之后寻求闲适方外之境的
愿望,如:"桓公(温)少与殷侯齐名,常有竞心。桓问殷:'卿
何如我?'殷云:'我与我周旋久,宁作我。'"②殷浩的目光局
限于自我天地,不暇外顾,类似事例《世说新语》记载甚多,
此不赘述。

从人的发展来说,政治人格的转向意味着挣脱正统的
束缚,发现自我,具有进步的意义。罗宗强先生指出:"从重
道德到重才性容止,反映着从经学束缚到自我意识的转化。
逐步走向重视人、重视人的自然情性,重视人格独立,逐步
导向对于人的哲理思考,探寻人与自然、人与社会的关系,
逐步转向玄学命题。"③但在当世,这种转向却饱含着士大夫
的血和泪。曾参说"士不可不弘毅,任重而道远"④,确乎成
了士人的座右铭。士人有着自身的文化传统,具有强烈的
使命感,因此士人与政治的关系就不能单纯地表现为利害
关系,有超越功利的一面。

---

① 《读人物志》,载《汤用彤学术论文集·魏晋玄学论稿》,中华书局 1983
年版。
② 《世说新语·品藻》。
③ 罗宗强:《魏晋玄学士人心态》,浙江人民出版社 1991 年版。
④ 《论语·泰伯》。

如同陈蕃、范滂在党人中的意义一样，郭泰同样是一时风会的象征，"(郭泰)尝于陈、梁间行遇雨，巾一角垫，时人乃故折巾一角，以为'林宗巾'"①。林宗巾被意象化了，其在士人中的流行，说明了郭泰人格的普遍性，转向已成为一种趋势。

把郭泰视为政治人格转向的标志性人物，是基于他在当时的政治影响及系统的人伦品鉴理论。转向是一个渐进的过程，也是一个加速度的过程。下面从郭泰前后两个政论家王符和仲长统身上探究转向程度上的差异。郭泰生于顺帝永建三年（128 年），卒于灵帝建宁二年（169 年），其时外戚、宦官专权正烈，卒年正是第二次党锢之祸的发生之年；王符生于章帝元和二年（85 年），卒于桓帝延熹五年（162 年），其时东汉政权由前期较为清明向后期浑浊转变；仲长统生于灵帝元和三年（180 年），卒于献帝延康元年（220 年），其时汉室衰颓，卒年即汉亡之年。因此，王符、郭泰、仲长统代表了转向的全过程。

王符，少好学，承光武、明、章之化，有志操。"自和、安以后，世务游宦，当途者更相荐引，而符独耿介不同于俗，以此遂不得升进。"和、安以后，外戚、宦官当政，垄断选举，遍

①《后汉书》卷六八《郭泰传》。

裁朋党,耿介之士不得仕进,王符遂以"潜夫"自称,隐居著书三十余篇,"以讥当时失得,不欲章(彰)显其名,故号曰《潜夫论》。其指讦时短,讨谪物情,足以观当时风政"①。学以居位曰士,士人以仕为天职,正是凭借这种品质获得政治角色的重新定位。王符自称"潜夫",正是顿挫心态的袒露,预示着士大夫与王朝政治间开始萌生隔膜、疏离的倾向。但王符毕竟处在转向的初期,"潜夫"之称反衬出他心系朝政的强烈观念,这一观念在《潜夫论》中鲜明地体现出来。

《贵忠篇》中王符论述了"忠"的含义,他的忠有两个理论层次:其一,君主对皇天之忠;其二,人臣对君主之忠。两者相互联系,且前者是后者的前提条件,只有君主对天忠,人臣才对君主忠,而"天"最终落到"民"上,《爱日篇》以日喻民,强调爱惜民力的重要性。他说:

> 夫帝王之所尊敬者天也,皇天之所爱育者人也。今人臣受君之重位,牧天之所爱,焉可以不安而利之,养而济之哉?是以君子任职则思利人,达上则思进贤,故居上而下不怨,在前而后不恨也……故明主不敢以私授,忠臣不敢以私受。②

①《后汉书》卷四九《王符传》。
②《潜夫论·贵忠篇》,《后汉书》卷四九《王符传》引。

王符所言"任职则思利人,达上则思进贤"的君子,即士大夫,要任用这样的贤人,斥退戚、宦佞人,他说:"国以贤兴,以谄衰;君以忠安,以佞危。此古今之常论,而时所共知也。然衰国危君继踵不绝者,岂时无忠信正直之士哉,诚苦其道不得行耳。"①宦官、外戚排斥士人,"其贡士者,不复依其质干,准其才行,但虚造声誉,妄生羽毛"②。针对这现实,王符发出不平之鸣,更多的是无奈。矛盾激化之后,士大夫与王朝的离心倾向日趋明显。

与王符的"潜夫"心态相仿,同时代的马融也取全生保身之策。安帝永初二年(108年)大将军邓骘辟召马融,以为舍人,马融坚辞不应命,"谓其友人曰:古人有言,左手据天下之图,右手刎其喉,愚夫不为,所以然者,生贵于天下也。今以曲俗咫尺之羞,灭无赀之躯,殆非老、庄所谓也"③。马融,经学大师,而贵生信老、庄,可视为魏晋老庄之学的滥觞。

政治人格的转向在党锢之祸后的仲长统身上鲜明地反映出来,其名士风范呼之欲出。《后汉书》卷四九《仲长统传》载:

---

①②《潜夫论·实贡篇》。
③《后汉书》卷六〇《马融传》。

统性倜傥，敢直言，不矜小节，默语无常，时人或谓之狂生。每州郡命召，辄称疾不就。常以为凡游帝王者，欲以立身扬名耳，而名不常存，人生易灭，优游偃仰，可以自娱。欲卜居清旷，以乐其志，论之曰："使居有良田广宅，背山临流，沟渠环匝，竹木周布，场圃筑前，果园树后。舟车足以代步涉之艰，使令足以息四体之役。养亲有兼珍之膳，妻孥无苦身之劳。良朋萃止，则陈酒肴以娱之；嘉时吉日，则亨（烹）羔豚以奉之。蹰躇畦宛，游戏平林，濯清水，追凉风，钓游鲤，弋高鸿。讽于舞雩之下，咏归高堂之上。安神闺房，思老氏之玄虚；呼吸精和，求至人之仿佛。与达者数子，论道讲书，俯仰二仪，错综人物。弹《南风》之雅操，发清商之妙曲；消（逍）遥一世之上，睥睨天地之间；不受当时之责，永保性命之期。如是，则可以陵霄汉、出宇宙之外矣，岂羡夫入帝王之门哉！

仲长统所发议论即著名的《乐志论》。此外还有诗二首，录之如下：

飞鸟遗迹，蝉蜕亡壳。腾蛇弃鳞，神龙丧角。至人能变，达士拔俗。乘云无辔，骋风无足。垂露成帏，张霄成幄。沆瀣当餐，九阳代烛。恒星艳珠，朝露润玉。

六合之内,恣心所欲。人事可遗,何为局促?

> 大道虽夷,见几者寡。任意无非,适物无可。古来
> 绕绕,委屈如琐。百虑何为,至要在我。寄愁天上,埋
> 忧地下,叛散五经,灭弃风雅。百家杂碎,请用从火。
> 抗志山栖,游心海左。元气为舟,微风为舵。敖(遨)游
> 太清,纵意容冶。

仲长统的《乐志论》,为魏晋名士阮籍、嵇康等所追慕,余英
时说:"细读嗣宗(阮籍)之《大人先生传》及叔夜(嵇康)《与
山巨源书》,则俨然仲长统之《乐志论》。"在经济史及建筑史
上,中古是庄园别墅蓬勃发展的时代,称仲长统为庄园别墅
的最早设计者恐不为过,他所描绘的山居图景由南朝宋永
嘉(治今浙江温州)太守谢灵运变为现实,谢氏作《山居赋》,
自言追怀仲长统:"仲子长(长统)云:欲使居有良田广宅,在
高山流水之畔,沟池自环,竹木周布,场圃在前,果园在
后。"①仲长统心驰神往的闲适生活由竹林七贤及兰亭修禊
的王羲之等名士实现了;他的叛散五经、灭弃风雅也开嵇、
阮越名教而任自然及毁周、孔而薄汤、武之先河。

如果说仲长统的名士风范表现在理论上,孔融、祢衡等
则是体现在实践层面。孔融为孔子之后,却叛逆祖先,言谈

---

① 《宋书》卷六七《谢灵运传》。

举止不合礼仪节度，"不遵朝仪，秃巾微行，唐突宫掖。又前与白衣祢衡跌荡放言，云：'父之于子，当有何亲？论其本意，实为情欲发耳。子之于母，亦复奚为？譬如寄物瓶中，出则离矣'"①。这种大逆不道之言是对汉廷十分重视的"孝"的直接否定，光武、明、章以人伦之孝比附君臣名分，人伦之孝既然被否定了，君臣名分便无所依存。孔融为政颇具名士风度，"建安元年（196 年），为袁谭所攻，自春至夏，战士所余裁数百人，流矢雨集，戈矛内接。融隐几读书，谈笑自若"②。与孔融有异曲同工之妙的还有开封令阮简："阮简为开封令，有劫贼，外白甚急，简方围棋长啸曰：'局上有劫甚急。'"③琴、棋及麈尾为魏晋名士须臾不可离之物，孔融、阮简已有后世名士的风度。

王符的"潜夫"、郭泰的"清虚"、仲长统的"乐志"，反映了东汉后期士大夫政治人格转向的递进轨迹。政治腐败不断加剧，士人的政治地位不断恶化，与政治间的隔膜不断加深，疏离的程度不断加大，最终演变为以自我为中心的名士。后世奉仲长统为名士先驱，元代吴师道《礼部诗话》："仲长统诗尤为奇作，其曰叛散六经、灭弃风雅者，得罪于名

---

① ②《后汉书》卷七〇《孔融传》。
③《太平御览》卷一八五引《陈留风俗传》。

教甚矣,盖已开魏晋旷达之习、玄虚之风。"明代杨慎《丹铅杂录》卷二五:"世谓清谈起于魏晋,非也,汉季盖已有之。仲长统述志诗云'寄愁天上,埋忧地下,叛散五经,灭绝风雅'。郑泉临卒,谓同类曰:'必葬我陶家之侧,庶十载之后,化而成土,幸见取为酒壶,实获吾心矣。'之二子者,盖刘伶、阮籍之先驱也。"①

　　从转向的彻底性而言,把仲长统视为名士先驱有其合理性,他是士大夫转为名士的标志性人物。但阶层的整体转向,至曹魏齐王正始(240—248)时结束,名士阶层正式形成:"以此为界,形成了汉代经学文化与魏晋玄学清流文化的分水岭。"②

---

① 转引自陈登原《国史旧闻》卷一九"清谈来自"条。
② 王晓毅:《中国文化的清流》,中国社会科学出版社1991年版,第5页。

结　语

从士人的政治身份看，两汉四百余年间经历了四种身份、三次变化：由游士到儒士、由儒士到士大夫、由士大夫到名士。游士、儒士、士大夫、名士这四种称谓大体上反映了士人与政治的关系。概括地说，西汉政治本质上仍是法家的，或者说外儒内法，以儒化法成为时代潮流，表现在士人与政治的关系上就是以儒士润饰吏治；东汉政治则体现在儒、法合流，以儒为主的特征，表现在士人与政治的关系上则是士吏合流、士大夫阶层产生。因此，两汉士人政治品格大不相同，吕思勉先生对此有精辟的论述，他说：

> 中国之文化，有一大转变，在乎两汉之间。自西汉以前，言治者多对社会政治竭力攻击；东汉以后，此等

议论渐不复闻。①

西汉以前,游士、儒士行走天下、指摘时政,东汉以后士大夫
与王朝政治融为一体,同王朝共进退,自然话风突变。士人
意识上的差别反映了王朝制度、意识上的差别,这种重大转
变发生在两汉之际。换句话说,古代社会的制度和文化在
东汉基本定型。

士大夫的政治人格虽然定型,但在东汉后期发生转向,
接下来数百年间玄风大盛,士人游离于政治之外,这对王朝
政治和士人而言都是不正常的,二者之间相互眷恋,王朝政
治呼唤士人的"回归"。宋代"新儒学"——理学产生,以此
为内涵形成新的士大夫阶层,士人实现了政治人格的"回
归",构成封建社会后期的政治基础。"回归"不是重复,新
士大夫在意识及构成上都有明显的不同,反映了专制政治
不断强化的趋势。

其一,意识方面。

魏晋南北朝政治上的分裂状态有各方面的原因,但在
后世统治者看来,士人与政治的疏离是其中最为重要的因
素,宋代学者文人已注意到这一点。程颢说:"秦以暴虐焚
诗书,故秦二世而亡;汉兴鉴其弊而尚宽德,崇礼仪经术之

---

① 吕思勉:《秦汉史》上册,上海古籍出版社 1983 年版,第 197 页。

士，故东汉之士多名节。知名节而不知节之以礼，遂至苦节；苦节已极，故魏晋之士变而为旷荡，尚虚无而蔑礼法。礼法既亡与夷狄无异，故五胡乱华。"①苏轼也持类似议论："秦以暴虐焚诗书而亡，汉兴鉴其弊而尚宽法，崇经术之士而多未知圣人之道，故光武继起不得不废经术，褒尚名节之士，故东汉之士多尚名节。知名节而不知节之以礼，遂至于苦节，苦节之士有视死如归者。苦节已极，故魏晋之士变而为旷荡，尚浮虚而亡礼法。"②朱熹说："且如两汉晋宋隋唐风俗，何尝有个人要如此变来？只是其风俗之变，滚来滚去，自然如此。汉季名节已极，便变作清虚，到得陈、隋以来，既不理会名节，又不理会清虚，只是做一般纤弱文字。自唐三百年以及国初，皆是崇尚文词。"③

程、苏、朱都把士人视作王朝政治的基础，把士人品格之变视作政治嬗变的内在根源。值得注意的是，他们把汉末士人转向的原因不是归结到政治上，反而归结到士人自身，由士人守"苦节"而致。在他们看来，守节固然重要，但须"节之以礼"，否则变成"苦节"，走向反面，其志可嘉，其行

①《二程遗书》卷一八。
②《东坡集》卷六。
③《朱子语类》卷一二〇。以上三条转引自陈登原《国史旧闻》卷一四"太学生与清议"条。

则不可取。儒学中"礼"即名分,是角色、身份的规定。具体到汉末,戚、宦既是王权的异质因素又是皇权的伴生物,利用皇权的幌子镇压士人。作为士人,理智上要尽节、护卫皇权,行为上要恪守君臣名分,因此,游离、清虚是要不得的,名分被理学家提到至高无上的地位,"饿死事小,失节事大","节"不仅指人伦贞节,更指政治上的臣节。与原始儒学中的"革命论"相反,在政治腐败与君臣名分之间,理学家心中的太平倾向了后者,孟子地位在南宋以后逐渐下降,以致皇帝口中出现如孟子再世必诛之的言论,因由即在此。

东汉前期把忠节纳入气节之中,汉末忠节就通过气节表现出来。儒家气节禀天地浩然正气,贫贱不能移,威武不能屈,发挥出来自然无所节制。气节体现士人鲜明的主体意识,但个体的主体意识与君主的专制意识尖锐对立,理学家将专制意识内化为人与生俱来的固有观念,主体性气节自然失去依存之地。理学在宋以后占据统治地位,成为支配士人的观念,反映了专制统治的强化。当然,专制意识不可能也没有完全占据士人的精神世界,主体性的气节成为士人一以贯之文化传统的重要组成部分,仍不时勃发出来,明末东林党人就上演了与汉末党人极为相似的一幕。

其二,制度方面。

西汉独尊儒术以后,为维护经学的权威地位,立博士传授，十分注重师承家法。专制政权对儒学的垄断导致经师政治，造成经师经济、社会地位上的垄断。选举上的察举制，又使经师地位进一步强化。这样，两汉出现累世经学与累世公卿的局面，士族大姓逐渐形成，著名者有孔氏、杨氏、荀氏、袁氏等。孔子后裔在秦汉时期从其八世孙孔鲋为陈胜博士起，世代为官，孔鲋弟之子襄为惠帝博士、长沙王太傅。襄生忠，忠生武及安国，武生延年，延年生霸。安国、延年皆治《尚书》，为武帝博士。安国官至临淮（治今江苏泗洪东南）太守，孔霸治《尚书》，昭帝时博士，宣帝时升太中大夫。霸子孔光，成帝时为博士，后为丞相，封博山侯。东汉杨氏，世称四世三公，代传欧阳《尚书》。杨震、杨秉、杨赐、杨彪以家学相传，官至太尉，子孙多通经入官。袁氏号称"四世五公"，家传《孟氏易》，子孙数十人至高官，如袁良，东汉初任成武（治今山东成武）令，袁安章帝时为司徒，袁敞和帝时任光禄勋，袁彭顺帝时任光禄勋，袁汤桓帝时为太尉，袁逢灵帝时任司空，袁隗献帝时任太傅，袁绍献帝时任冀州牧，袁术献帝时任后将军。[①] 士族构成专制王朝的支柱[②]，

---

① 参见刘泽华主编《士人与社会》（秦汉魏晋南北朝卷），天津人民出版社 1992 年版，第 319—320 页。

② 参见余英时《东汉政权之建立与士族大姓之关系》，载《士与中国文化》，上海人民出版社 1987 年版。

处于皇权与一般士人之间，充当士人入仕的中介。

经过东汉后期的政治冲突，士人疏离政治的倾向日益明显，士族作为一般士人与王朝政治的中介功能逐渐丧失，举荐下层士人必然对日趋垄断化的自身利益构成冲击与损害，因此士族门阀化便成为不可抗拒的发展趋势，士族自封畛域，与下层士人间的鸿沟渐渐加深，士族与寒门、庶族的界限日益分明。这种趋势在汉末士族中就出现了，有名望的士大夫大都孤傲清高，不喜交接，其中固然有高标自持、不同尘俗的一面，也有自划藩篱、严士庶之别的一面。类似例子甚多，如朱穆，"学明五经，性矜严，疾恶，不交非类"①。李膺，"性简亢，无所交接，唯以同郡荀淑、陈寔为师友"②。宗慈，"以有道见征，宾客满门，以[岑]晊非良家子，不肯见"③。孔融因李膺"简重自居，不妄接士，宾客敕外，自非当世名人，及与通家，皆不得白"，遂语门者曰"我是李君家通家子弟"，以先世孔子与老子之交才得见。④ 高彪，"家本单寒，至彪为诸生，游太学"，欲从马融学，融称疾不见，彪遗书说："承服风问，从来有年，故不待介者而谒大君子之门，冀一见

---

①《后汉书》卷四三《朱穆传》李贤注引谢承《后汉书》。
②③《后汉书》卷六七《党锢列传》。
④《后汉书》卷七〇《孔融传》。

龙光,以叙腹心之愿。……公今养疴傲士,故相宜也。"①袁绍,"不妄通宾客,非海内知名,不得想见"②。可见,士族交接限于士族大姓之内,基本上不与庶族交往,自我封闭。其荐举对象也主要面向士族,仲长统对此批判说:"天下士有三俗:选士而论族姓阀阅,一俗。"③魏齐王曹芳时,曹操不计门第、唯才是举的九品官人法演变为面向世家大族的九品中正制,中正官由大族担任,选举为士族所垄断。

魏晋南北朝各代政权依靠士族维持着各自短暂的统治,出现"王与马,共天下"的政治格局,士庶间的鸿沟加深、加大,形成"上品无寒门,下品无士族"的景况。士族的自我封闭与垄断,必然导致自身的腐朽与没落,汉代形成的士族阶层已完成历史使命,无法再担负专制政治基础的职责,时代呼唤新的士大夫阶层的产生。

新的士大夫阶层只可能在庶族中产生,面向庶族、不计门阀的新型选举制度——科举制为新的士大夫阶层的产生提供了制度上的保障。武则天时期大规模编修庶族志,确立庶族的地位,削弱士族宗法上的影响。科举制在南北朝已具雏形,逐渐取代九品中正制,隋、唐实现制度化与完善

---

① 《后汉书》卷八〇《文苑列传》。
② 《后汉书》卷一〇四上《袁绍传》李贤注引《英雄记》。
③ 严可均:《全上古秦汉三国六朝文·全后汉文》卷八九。

化。这种分科取士的选举制度以经术为考核标准,为阶层间的流动提供制度保障,使庶族士子走入仕途,对士族构成根本性的冲击。这样,唐、五代士族政治上的影响甚微了。但在隋、唐,意识上的重建尚未进行,选举重实践层面,科举设进士、秀才、明法、明书、明算诸科,还有一史、三史、开元礼、童子、道科等科,武则天则设武举,显得杂乱无章。这种情形在宋代发生变化,经义在科举中占有十分重要的地位,"四书""五经"成为应举士子必修教科书,士人精神世界被牢牢地控制在理学范围之内,宋以后变本加厉。

宋代,汉代形成的士族基本退出历史舞台,以"新儒学"(理学)为精神内涵的、以全体士人为基础的士大夫阶层正式形成。历史似乎完成了一个轮回,士人由疏离政治实现"回归",但不是重复,包含着意识及结构上的全面重建。犹如"旧瓶装新酒",士大夫担负起宋以降专制政治基础的使命,官僚与士绅承担着共同的职责。

在中国古代的宏观背景下,士人经历了两次大的变化:其一,春秋、战国至东汉前期。西周世卿世禄制瓦解,社会结构重新建立,士人由旧秩序中贵族的最低等级变为新秩序中的士大夫,由政治边缘走入中心,实现社会身份与政治角色的双重转换;其二,东汉末至北宋。士人由汉末的疏离政治实现"回归",汉代形成的士族退出历史舞台,新的士大夫阶层形成，构成封建社会后期强固的政治基础。

　　士人与政治的关系实质上是士人的主体性与君主的专制性之间的关系。专制政治决定了君主寡头政治的特性，随着专制统治的加强，士人的主体性逐步萎缩，士人总是处于被压抑的状态。但士人有着自身的文化传统，诚如陈寅恪先生所说，儒家思想影响主要在政治层面，在士大夫的精神生活层面，佛、道影响尤著。[①] 在士人主体性与专制政治的矛盾中，道、佛发挥了调节功能，士大夫在应对现实世界的同时，营造自己的精神世界。

---

① 陈寅恪：《冯友兰〈中国哲学史〉上册审查报告》，《陈寅恪史学论文选集》，上海古籍出版社 1992 年版。

附录

游士文化传统及其终结

——西汉武帝以前士人阶层的演变

士人阶层的形成及特点

士人是在春秋、战国社会大变革过程中形成的特殊阶层。在西周以宗法血缘为纽带的世卿世禄制社会中,天子、诸侯、大夫、士、庶人等级森严,恒定不变,"诸侯,春秋受职于王以临其民,大夫、士日恪位著以儆其官,庶人、工、商各守其业以供其上"①。"公食贡,大夫食邑,士食田,庶人食力,工商食官,皂隶食职。"②可见,"士"是贵族的最低等级,有食禄,在行政机构的中下层任职,如顾炎武所说:"则谓之

---

① 《国语》卷一《周语上》。
② 《国语》卷一《晋语四》。

士者,大抵皆有职之人。"①至春秋、战国,"礼乐征伐自天子出"的局面被打破,固定的社会秩序受到挑战,世卿世禄制遭到破坏,各诸侯国的变法运动旨在以官僚行政体制代替以宗法血缘为纽带的贵族体制,社会结构经历着深刻的变化。在这种形势下,阶层间的流动成为不可抗拒的时代潮流;在流动不已的社会中,处于贵族与庶人交接点上的士阶层震动尤为强烈,他们依凭自身文化传统上的优势,直面现实,积极参与社会政治的实践,形成独具特色的游士阶层及游士品格。

游士之"游",大体包括如下两层含义:从社会阶层来说,具有很强的游动性,表明其社会角色的游移不定状态;从文化品格来说,具有突出的主体意识,是社会中最为活跃的阶层。但在"游"的表象后面,潜藏着十分明确、专注的目的,即实现自身在新的政治结构中的重新定位。因此,学以致位、由学而仕成为士的普遍路径及生存方式,"学以居位曰士"②;士为四民之一,"士之仕也,犹农夫之耕也"③;相反,"士之失位也,犹诸侯之失国家也"④。

战国诸子以帝王师自任,游说诸侯,酿成"百家争鸣"的

---

① 顾炎武:《日知录》卷九"士何事"条,上海古籍出版社 1984 年影印本。
②《汉书》卷二四上《食货志上》。
③④《孟子·滕文公下》。

繁盛局面,士无定主、游士无宗国也就成了普遍现象,所谓"六国之时,贤才之臣,入楚楚重,出齐齐轻,为赵赵完,畔(叛)魏魏丧"①揭示了这种状况。不可否认,游士之中不乏惟利是图、朝秦暮楚之辈,间或使自己位至卿相、荣华富贵,但士作为社会阶层总体上仍以道自命,并非蝇营苟狗、准的无依,否则就不会有百家间的争鸣,这从儒士观念的凸显上充分反映出来。后世所说的"士",相当程度上受到儒士观念的浸润。儒士作为先秦游士之一,具有一般士人的共性,所不同的是被赋予了道德、道义的向度,对文明即人类的基本价值如理性、人文、道德、伦理等表示认同与肯定,如:孔子说:"君子食无求饱,居无求安,敏于事而慎于言,主有道而正焉,可谓好学也已。"②"士志于道,而耻恶衣恶食者,未足与议也。"③孔子高足曾子说:"士不可以不弘毅,任重而道远。仁以为己任,不亦重乎? 死而后已,不亦远乎?"④孟子更明确地说:"无恒产而有恒心者,惟士为能。若民,则无恒产因无恒心。"⑤儒家的士观念大大提升了游士的文化品位,

---

①《孟子·滕文公下》。

②《论语·学而》。

③《论语·里仁》。

④《论语·泰伯》。

⑤《孟子·梁惠王上》。

从而导致了俗士与雅士（儒士）的分别。

先秦至西汉前期的游士文化传统在专制政治体制及意识形态最终确立之前，士人都在为这个新的政治蓝图见仁见智，为自身在新的政治结构中的最终定位孜孜以求。因此，自春秋、战国至西汉前期（武帝以前），士人阶层保持着游士文化传统。春秋、战国时期，关东诸国文化相对发达，游士在各国变法、文化传承乃至韬略斗智等方面，扮演着重要的角色，发挥着重要的作用。地处西陲、文化相对落后的秦国，却为关东游士提供了广阔的用武之地。某种程度上说，秦借游士而兴，秦兴起过程中起关键作用的人物皆为关东游秦之士。正因如此，游士在秦的政治、经济、文化等方面取得了强固的地位，以致引起宗室贵族的恐慌，酿成"逐客"事件。李斯本为自楚游秦之士，上书列举了穆公用由余、百里奚、蹇叔、丕豹、公孙枝，孝公任商鞅，惠王重张仪，昭王得范雎等所取得的巨大政治效果。很显然，逐客之争反映了游士与宗室贵族的政治之争，从一个侧面印证了秦游士势力的强大，足以与贵族势力相埒，且犹有过之。《云梦秦简》出土有《游士律》，是针对游士而颁布的法律，可与逐客事件相映照。

即使在秦统一的短暂时间里，游士传统仍顽强地保留着，私家养士制度一变而为王朝养士，即博士制度。王国维

说:"博士一官,盖置于六国之末而秦因之。"①他进一步举证说:

> 至秦之博士则有定员,《史记·秦始皇本纪》:"始皇置酒咸阳宫,博士七十人前为寿。"又"侯生、卢生相与谋曰:博士虽七十人特备员不用",是秦博士员多至七十人。其姓名可考者,博士仆射有周青臣,博士有淳于越、有伏生、有叔孙通、有羊子、有黄疵、有正先、有鲍白令之,仅七人。②

除王氏所列,学者考证秦尚有博士李克、桂贞、卢教、圈公、沈遂等六人,合前共十三人,其中儒士七人。③ 秦所置博士中囊括各家,王国维指出:"其中盖不尽经术之士,如黄公之书,《七略》列于法家,而《秦始皇本纪》云使博士为仙人真人诗,又有占梦博士,殆诸子、诗赋、术数、方伎皆立博士,非徒六艺而已。"④从秦博士制度的性质、作用及博士构成看,视秦博士制度为养士制度大概不会有什么问题。

下面看一看焚书坑儒以后游士的状况。焚书、坑儒分别发生在始皇三十三年(前214年)、三十五年(前212年),

---

①②④ 王国维:《汉魏博士考》,《王国维遗书》第1册,上海古籍书店1983年版。

③ 刘泽华:《士人与社会》(秦汉魏晋南北朝卷),天津人民出版社1992年版。

距秦亡分别为 8 年和 6 年。在事件后数年中，游士仍很活跃，博士仍然存在，如：陈胜起兵时，二世召集博士诸生三十余人询问应对方略，当包括各家之士，名儒叔孙通即在其中，"通之降汉，从弟子百余人"，可见儒者甚众。叔孙通归汉后，高祖让他"征鲁诸生三十余人"①，说明鲁地儒风仍盛，"鲁中诸儒尚讲诵习礼乐，弦歌之音不绝"②。再如，孔子九世孙孔鲋，陈涉起兵时持孔氏礼器以归，"于是孔甲（鲋）为陈涉博士，卒与涉俱死"③。汉初大儒皆出于秦，如郑樵所说："陆贾，秦之巨儒；郦食其，秦之儒生；叔孙通，秦时以文学待诏博士。数岁，陈胜起山东，二世召博士三十余人问故，皆用《春秋》之义以对，是则秦时未尝不用儒生与经学也。"④秦既然用儒生，其他诸家之士更不会排斥。

由此看，春秋、战国形成的百家并陈、游士活跃的局面并未因秦而中绝，秦的法家政治也并未在多大程度上改变这种传统，游士文化传统入汉以后不但得以保存，而且光大起来。刘邦建汉，承袭秦制，同时承继了游士文化传统。首先，分封制的推行，侯国林立，为士人营造了与春秋、战国极

---

① 《汉书》卷四三《叔孙通传》。
②③ 《史记》卷一二一《儒林列传》。
④ 郑樵：《通志》卷七一《校雠略》，浙江古籍出版社 1988 年影印万有文库《十通》本。

为相似的生存、活动空间。诸侯王为积蓄势力，谋取天下，大量罗致士人，游士传统得以发扬。其次，汉除挟书之律，让百家书公开流行，为士人提供了丰富的思想材料。如惠帝除挟书律，高后废妖言令，文帝废诽谤妖言罪，士人思想和言论的桎梏得以解除，个体意识能得到较为充分的张扬。最后，也是至为重要的一点，秦的骤兴与暴亡为士人提供了关注与思考的主题，确立了共同的致思方向。这样，汉初呈现出游士活跃、在反思秦政的基础上对汉政进行设计的特点。

首先，汉初养士成风，游士活跃。淮南王刘安，"为人好读书鼓琴，不喜弋猎狗马驰骋，亦欲以行阴德拊循百姓，流誉天下"，颇有士人之风。他"阴结宾客"，"招致宾客方术之士数千人"①，编撰《淮南子》一书。在中国古代目录学中，《淮南子》与先秦诸子书同入子类，从一个侧面反映了汉初游士与先秦诸子的同质性。吴王刘濞，"招致四方游士"②，后倡七国之乱，被杀；梁孝王刘武，"从游说之士齐人邹阳、淮阴枚乘、吴严忌夫子之徒"③，邹阳等数子当世都以文辩著名；以擅赋著称的司马相如，"得与诸生游士居，数岁，乃著

---

①《史记》卷一一八《淮南衡山列传》。

②《汉书》卷五一《邹阳传》。

③《汉书》卷五七上《司马相如传》。

《子虚之赋》"①。权臣显贵也热衷于罗致宾客，游士趋归。高祖时，陈以赵相国监赵、代之地，"少时，常称慕魏公子，及将守边，招致宾客，常告过赵，宾客随之者千余人"②；景帝时，窦婴被封为魏其侯，"游士宾客争归之"③；田蚡，"卑下宾客，进名士家居者贵之"④，景帝朝政事多由他推荐的宾客筹划，可以想见影响之大。类似材料史籍中不胜枚举，反映了汉初与春秋、战国十分相似的游士活跃景况。

其次，反思秦政，设计汉政。秦秋、战国社会处于传统结构的崩溃瓦解期，新的社会结构尚未现形，只有极少数士人回避现实，迷恋意念中的所谓圣王政治，绝大多数士人都在描绘各自心目中未来社会的蓝图，呈现出百家争鸣的局面。汉初则不同，秦建立起统一的大帝国，新的社会政治结构已浮出水面，士人关注的焦点集中在对秦政的反思、汉政的设计上，表现出相对的单一性与针对性。在汉初特殊背景下，倡言清静无为的道家与强调礼义仁政的儒家切合时代的需要，这两家的士人构成游士的主流，代表性人物有盖公及陆贾、贾谊、董仲舒等。

盖公。曹参任齐相时，曾召集数百名士人议论治民之

---

①《汉书》卷五七上《司马相如传》。
②③《汉书》卷五二《窦婴传》。
④《汉书》卷五二《田蚡传》。

道,结果"言人人殊,参未知所定"。他请教治黄老的盖公,
盖公一语破的:"治道贵清静而民自定。"①曹参深纳之,以黄
老术治齐九年,齐大治。参继萧何为相国,萧规曹随;惠帝
和吕后时,"君臣俱欲休息于无为"②;文、景二帝及把握朝纲
的窦太后都好黄老之术。我们当然不能过分夸大盖公的作
用,把汉初的政策取向系于他一人,但这反映了汉初黄老之
士的地位,也可看出黄老作为君人南面之术,截然不同于老
庄,体现出强烈的现世情怀。

陆贾。本为楚游士,"以客从高祖定天下"③。他怀抱儒
术,以《诗》《书》说不好儒术的刘邦,其重要贡献在于把一个
轻视儒术、鄙视儒士的开国君主吸引到儒学上,儒学与政治
开始出现结合的趋向。因此,陆贾颇受后人推崇,近人余嘉
锡说:"则汉初之拨乱反正,贾有力焉。"④在陆贾身上,鲜明
地体现出游士喜为帝王师及好辩的品格。

贾谊。与陆贾相比,贾谊对汉政的设计更加深刻,反映了
汉初士人政治设计的不断深化过程。贾谊不再仅停留在对秦
政的批判、反思上,进而提出改变秦汉相袭的法家政治的要

---

① 《史记》卷五四《曹相国世家》。
② 应劭:《风俗通义》,上海古籍出版社 1990 年影印本。
③ 《史记》卷九七《陆贾传》。
④ 余嘉锡:《四库提要辨正·新语》,中华书局 1980 年重印科学出版社 1956
年刊本。

求。战国齐人邹衍创立了说明政治嬗变的五德终始学说,周为火德,秦代周便以水德自居,水德、秦政、法家政治便成为内涵相同的三个概念。为改变法家政治模式,贾谊利用五德终始说,主张以土克水:"贾生以为汉兴至孝文二十余年,天下和洽,而固当改正朔,易服色,法制度,定官名,兴礼乐,乃悉草具其事仪法,色尚黄,数用五,为官名,悉更秦之法。"①

五德之中土德居中央,地位最尊,是礼乐的象征,稍后的董仲舒说:"忠臣之义,孝子之行,取之土。土者,五行最贵者也。"②因此,贾谊更朔改德易服色的目的,是以儒家政治模式代替法家政治,这反映了儒家影响的扩大。当然,时机并未成熟,贾谊被外放,抑郁早终。贾谊的政治设计,归根结底是游士政治设计的延续与深化。

由上叙述可以看出,汉承秦制,也继承了春秋、战国至秦一脉相承的游士文化传统。在法家政治下,士人阶层政治上处于边缘性地位,极少涉足政治的实践,游士品格决定了他们热衷于政治批判及政治设计。陆贾、贾谊的政治设计反映了历史的走向,但受时势的制约,这一工作只能留待董仲舒最后完成。

---

①《史记》卷六《秦始皇本纪》。
② 董仲舒:《春秋繁露·五行对》,上海古籍出版社 1989 年影印本。

董仲舒：游士的终结与儒士的开端

与一般的士人相比，董仲舒的政治命运要优越得多。游士自从登上历史的舞台，就为自身的政治出路而忙碌奔波。孔子毕生栖栖遑遑，周游列国，怀才不遇，终不见用，晚年返鲁修书传道；陆贾凭着好辩的勇气，使不通文墨的刘邦转向儒学，而其人政治上并不显赫；贾谊众人皆醉而我独醒的屈子情怀，更决定了他与屈原相似的命运，仓促地走完了人生历程。可以说，董仲舒是最高统治者主动征召进入仕途的士人，表明士人阶层的整体性变化也不可避免了。专制政治要求士人为其设计统治的模式，为其所用，士人出于自身定位的需要，自我调整，游士逐渐转化为儒士。

董仲舒的政治学说主要集中在《天人三策》及《春秋繁露》中，《汉书·五行志》则是他天人政治学说的具体体现。天人关系是武帝策问的主题，也是董氏政治学说的核心，其内容可归纳为两方面：其一，君权神授。天至高无上，指派天子统理万民亘古不变，现世秩序也不可移易，此即"道"，所谓"道之大原出于天，天不变，道亦不变"[1]。"天"是自然

_____

[1]《汉书》卷五六《董仲舒传》。

及人格的统一体，与社会秩序相对时指自然秩序，以自然秩序观照社会秩序，强化后者的天经地义性，目的是为了"强调社会秩序（亦即王朝统治）与自然规律相联系而作为和谐稳定的整体存在的重要性"①。这样，董仲舒凭借五行学说论证了君权及社会秩序的合理性问题。其二，民本观念。董仲舒以灾异为媒介，把民意通过超验的"天"反映出来，以此规范、约束君权。灾异观的实质指向人文关切，杨国荣先生对此作了深刻的揭示，他说：

> 按照通常的神学解释，灾异总是意味着天对人的惩处，而在这种关系中，人无疑是被否定的对象。与之相对，董仲舒则把灾异视为仁爱之心的体现，而人亦相应表现为被肯定的对象。在解释模式的如上转换背后，蕴含着更深刻的观念转换：人的利益构成了天意的内在根据。所谓灾异，首先不是天对人的震慑，而是旨在促使人世的安定。换言之，天威的展示已让位于人文的关切。②

这样，董仲舒从民本观念出发，论证了统治的长久性问题。

---

① 李泽厚：《秦汉思想简议》，《中国古代思想史论》，人民出版社1985年版，第150页。

② 杨国荣：《善的历程——儒家价值体系的历史衍化及其现代转换》，上海人民出版社1994年版。

　　由此看，董仲舒的天人政治学说以儒家思想为主干，综合阴阳、法等家学说，通过阴阳五行论的自然宇宙图式，使儒家的民本、内圣外王等观念得到确认和强化，同时也使"名分"观念得到强化，解决了王朝政治的合理性与长久性问题，理所当然地被武帝采纳，成为王朝统治的理论基础。董仲舒的重要历史贡献在于，把儒学进行了实践性的改造，把孔、孟注重心性修养、形而上学的理论改造为可操作的王朝政治学说。自春秋、战国以来，士人为统治者提供了五花八门的政治学说，或未被采纳，或昙花一现，董仲舒天人政治学说的形成及其被采纳，标志着游士历史使命的完成。

　　在实践方面，董仲舒十分注重游士阶层的儒士化，这主要体现在察举制上。察举制以儒学为标准，以利禄为条件，促使士人习读经书，专心儒学，儒士阶层呼之欲出。基于此，董仲舒把兴学养士提到十分重要的地位，他说：

　　　　夫不素养士而欲求贤，譬犹不琢玉而求文采也。故养士之大者，莫大乎太学，太学者，养士之所关也，教化之本原也。……臣愿陛下兴太学，置明师，以养天下之士，数考问以尽其材，则英俊宜可得矣。①

----

① 《汉书》卷五六《董仲舒传》。

所养之士出身都较为低下，汉制，"公卿弟子不养于太学"①。朝廷设太学，郡、县皆有学，士子普遍接受儒家教育，整个社会习儒成风，直接结果是原本宗奉百家的游士阶层逐渐单一化、纯粹化，儒士阶层悄然形成。

董仲舒的一些政治愿望在其弟子及再传弟子那里化为现实。如武帝的"封禅"大礼由博士褚大和御史大夫儿宽共同制订，褚大为董氏弟子，儿宽为褚大弟子，是董氏的再传。再如改德易历，是儒家政治取代法家政治的标志，董仲舒对策武帝说："故《春秋》受命所先制者，改正朔，易服色，所以应天也。"②武帝时太史令司马迁与御史大夫壶遂主持改历，新历与夏历同，以符合孔子"行夏之时"③的政治理念，标志着汉政方针的确立。司马迁为董氏弟子，把乃师学说变为现实。

可见，董仲舒不仅是专制政治理论的确立者，也是儒士政治的实践者，他提出的一系列具体措施为儒士阶层的最终形成提供了制度上的保障。春秋、战国以来，诸子对未来的政治蓝图进行描绘和设计，汉初陆贾、贾谊承其绪，至董

① 马端临：《文献通考》卷四，浙江古籍出版社 1988 年影印万有文库《十通》本。
②《汉书》卷五六《董仲舒传》。
③《论语·卫灵公》。

仲舒才化为理论上的现实,从这个意义上说董仲舒是游士的终结者及儒士阶层的开启者。

从宏观的历史背景考察,在春秋、战国的社会大变革中,士人阶层形成,以游士的身份出现于历史舞台之上。历秦至西汉前期(武帝以前),士人的游士身份一直未变,游士为新的政治模式进行了各式各样的设计,保持了游士文化传统。秦王朝的统一标志着新的政治秩序的建立,但专制统治理论上的建构远未完成。武帝采纳董仲舒的天人政治学说,喻示着专制政治理论的建立,以此为标志,士人阶层经历着由游士向儒士的转变,游士文化传统走向终结。游士文化传统的终结,士人从游士转变为儒士,思想上从宗奉百家到独尊儒术,表明了古代士人主体性的萎缩与工具性的加强。

(原载《江海学刊》2001 年第 1 期)

论董仲舒五德终始说的影响及终结

　　董仲舒的五德终始学说为刘汉统治提供了理论依据，但循环不已的五德终始动性体系也为王莽代汉准备了逻辑基础。东汉建立之后，惩于前汉亡国的教训，对五德终始学说进行改造，使原本用于说明朝代更替、政权嬗变的动性体系变为规定封建统治秩序的僵硬图式。以白虎观会议的召开及《白虎通》的面世为标志，董仲舒的五德终始学说宣告终结。

一

　　五德又称五行，指木、火、土、金、水五种物质，古代思想家认为是构成世界的五种最基本物质，并用以说明世界起源及各种自然现象，反映了人类早期对物质世界的素朴认识。战国阴阳家邹衍"称引天剖判以来,五德转移,治各有宜,而符应若兹"①,依据五德的自然属性构造成一个生克循环系统,并延伸到社会历史范围,用以说明政权更替及朝代变迁。

邹衍以自然比附社会历史,论证历代统治的天经地义性,备受后世统治者的青睐,并制作了自黄帝轩辕氏开始的五德终始体系。此说第一次由秦始皇有意识地加以利用,按五德循环说,周为火德,水克火,代周而兴的秦理所当然地以水德自居,其政权便具有天然的合理性。但五德终始是一个循环不已的动的体系,在如何维持秦统治万古不变的问题上,秦根本无暇进行理论上的论证,只是简单地在名号上希冀始皇、二世、三世乃至万世永远传承下去,结果到二世即亡。

刘邦起于微末,迫不及待地将刘汉政权纳入五德体系之中,以为汉承尧后,为火德,但仅此远远不够,亡秦就是前车之鉴。汉兴几十年中,经过文、景之治及武帝的文治武功,政治上达到极盛。但在极盛的背后,刘汉统治理论上论证仍悬而未决,统治理论是相当贫乏和脆弱的。对统治者来说,理论上的贫乏、混乱状态是极其危险的,汉初几十年

①《史记·孟子荀卿列传》。

之中有远见的政治家对此进行不懈思索，贾谊、陆贾、晁错等针对社会政治的具体问题提出了一系列深刻见解，但没有形成一个完整的体系。在这种情况下，董仲舒的五德终始体系便应运而生了。

董仲舒对汉初统治理论的贫乏状况似乎有更深切的感受，他说："昔秦受亡周之弊，而亡（无）以化之；汉受亡秦之弊，又亡（无）以化之。夫继二弊之后，承其下流，兼受其猥，难治甚矣。"[1]在回答武帝策问时他直言不讳地道出衷曲："今汉继秦之后，如朽木粪墙矣！虽欲善治之，亡（无）可奈何！法出而奸生，令下而诈起，如以汤止沸，抱薪救火，愈甚亡（无）益也。"[2]董仲舒深切关注的是两方面问题，一是刘汉统治的合理性问题，另一是如何使刘汉统治长治久安的问题，他经过艰苦的理论探索，终于就解决上述两方面问题构就成天人感应的五德终始体系。

董仲舒"天人感应"体系中"天"具有自然和人格的双重特征，在他学说中有许多"天人相副"即自然之天与人外在特征关系的详细描述，但只是铺垫，由外在自然观照内在本质才是目的，这也是中国哲学传统的思维模式。"天"具

---

[1]《汉书·五行志》
[2]《汉书·董仲舒传》。

有意志，皇帝是皇天之子，代表"天"统理万民，所谓"唯天子受命于天，天下受命于天子"①，天子并非至高无上，为所欲为，而是受皇天的统制和约束，"天"以灾异形式昭示意志。如果天子有道，天降符瑞，万物安宁；如果天子无道，天降灾异，川溃地裂，以警示天子，如仍执迷不悟，皇天可受命于他。"灾者，天之谴也；异者，天之感也。""凡灾异之本，尽生于国家之失。国家之失乃始萌芽，而出灾异以惊骇之，惊骇之余尚不知畏恐，其殃咎乃至。"②

皇天对天子毕竟是仁爱的，"天欲尽扶持而全安之"③。在"国家之失"的初期，天降灾异，是为了警醒天子，让其改制"更化"，承顺天命，"改正朔，易服色，以顺天命而已"④。只有当天子冥顽不化、极端荒淫无道时，皇天才"再受命"，所谓"殃咎乃至"无非指失去天命。"更化"与"再受命"都是承顺天命的体现，二者只有程度上的不同，并无质的区别。皇天奖惩天子是有标准的，在很大程度上取决于天子对"民"的态度，董仲舒认为："人之超然万物之上、而最为天下贵也。"⑤"且天之生民，非为王也，而天立王以为民也。故

---

① 《春秋繁露·为人者天》。
② 《春秋繁露·必仁且知》。
③ 《汉书·董仲舒传》。
④ 《对策二》，《汉书·董仲舒传》。
⑤ 《春秋繁露·天地阴阳》。

其德足以安乐民者，天予之；其恶足以贼害民者，天夺之。……故夏无道而殷伐之，殷无道而周伐之，周无道而秦伐之，秦无道而汉伐之。有道伐无道，此天理也，所从来久矣。"①"民"为立国之本，天立王是为民的，如天子勤政理民，就为"有道"，享有天命，反之即为"无道"，失去天命。上述"有道伐无道"的体系与五德终始体系合若符契，"有道"可变为"无道"，被下一个"有道"取代；新德可变为旧德，为下一个新德代替。

在董仲舒体系中，"天"处于最高地位，指派天子统理万民是亘古不变的，此即"道"。在"道"不变的前提下，天根据天子对民的态度奖惩天子，惩罚的最高形式是再受命。其五德终始体系包括君权天授和民本思想两个层面，前者为刘汉统治的合理性提供理论依据，后者试图通过"天人合一"原则以"天"限制、约束君权，使天子勤政理民，以永享天命，使刘汉统治"传之无穷，而施之无极"，"永惟万世之统"。② 董仲舒通过理论上的努力，圆满地解决了汉兴以来统治者魂牵梦绕的问题，其理论理所当然地受到统治者重视，为汉武帝所采纳，成为刘汉的统治学说。

---

① 《春秋繁露·尧舜不擅移，汤武不专杀》。
② 《汉书·董仲舒传》。

二

　　董仲舒的永保汉德是建立在"民"的基础上，一旦基础发生动摇，五德体系的运行势将不可避免。西汉中后期，随着西汉统治的江河日下，"民"的地位日益恶化，灾异频繁，汉统治者忙不迭地改服易色，实行"更化"，但这一切无助于局面的改观，"再受命"也就顺理成章了，旧德必将为新德取代，本身就是承顺天命的表现，是"天理"使然。由此势必出现这样的结果：原本是刘汉统治依据的学说，日益走向其反面，成为否定刘汉统治的理论，恐是武帝、董仲舒辈始料未及的。

　　武帝时刘汉统治达到极盛，但盛极而衰，武帝中后期即显示中衰之象。昭帝时眭弘上书说："先师董仲舒有言：'虽有继体守文之君，不害圣人之受命。'汉家，尧后，有传国之运。汉帝宜谁差天下，求索贤人，禅以帝位，而退自封百里，如殷、周二王后，以承顺天命。"①盖宽饶对宣帝说："五帝官天下，三王家天下，家以传子，官以传贤，若四时之运，功成

————————

① 《汉书·眭弘传》。

者去,不得其人,则不得其位。"①刘氏宗族光禄大夫刘向对朝代更替很开通,说:"虽有尧、舜之圣,不能化丹、朱之子;虽有禹、汤之德,不能训末孙之桀、纣。自古及今,未有不亡之国也。"②他因而上疏元帝说:"王者必通三统,明天命所授者博,非独一姓也。"③谷永对成帝说:"垂三统,去无道,开有德,不私一姓,明天下乃天下之天下,非一人之天下也。"④这些在后世被看作大逆不道的言论历代出现在朝堂之上本身就颇能说明问题,但论者大多以上述所引多为阴阳家言,而对汉末"家天下"观念淡薄的现象持漠视与忽视的态度,是失之偏颇的。

随着西汉统治的恶化,"再受命"之说不仅被阴阳家、儒生们广泛接受,在统治阶层中影响也非常普遍,深刻地影响着当时的政治生态。成帝时政治腐败,天灾频繁,谏大夫鲍宣痛切地指出民"七死""七亡"的处境后说:"天下乃皇天之天下,陛下上为皇天子,下为黎庶父母,为天牧养元元,视之当如一。"针对成帝宠幸群小、滥授官爵的情况,鲍宣说:"夫官爵非陛下之官爵,乃天下之官爵也。陛下取非其官,官非

---

① 《汉书·盖宽饶传》。
②③ 《汉书·楚元王传》。
④ 《汉书·谷永传》。

其人,而望天说(悦)民服,岂不难哉。"①天下是天下人的天下,皇帝只不过代表皇天治理天下;官爵也是天下的官爵,是皇天为统理万民而提供的职位,皇帝无权私授,要官得其人,能勤政理民者方可据有职位,否则无法使"天说民服",后果是可想而知的。鲍宣接着说:"天人同心,人心说(悦)则天意解矣。"②"天人同心",点出了董仲舒天人学说的奥秘,董仲舒天人感应的五德终始体系被鲍宣发挥得淋漓尽致。

这种风气也深刻地影响着最高统治者,"更化"和"再受命"都是承顺天命的措施,汉帝诏书中多自责自谴之语,为改服易色忙得不亦乐乎,仅成帝朝因灾异下诏达十三次(据《汉书·成帝纪》)。当"更化"无益于事时,哀帝登峰造极,说"吾欲法尧禅舜"③,兑现前引睦弘之言,试图将皇位传给董贤,尝试着"禅让"这种传说中大同社会的理想政治。哀帝的"禅让"用宠爱董贤来解释仅是看到表面现象,这种历史上独一无二的事例乃是"再受命"思想指导下的行为结果。

董仲舒五德终始学说导致西汉后期"家天下"观念极为

---

① ②《汉书·鲍宣传》。
③《汉书·哀帝纪》。

淡漠的现象,在夏建立"家天下"以后的中国政治史上,确乎
是绝无仅有的。在汉末的社会政治形势下,依据五德终始
理论,旧德必将为新德取代,普遍成为共识,人们对汉家旧
德不再留恋,皆瞩目新德,就连刘氏宗族亦然。正在这时,
王莽以新德面目粉墨登场了。

为了扮成新德形象,王莽确实采取了一系列常人难以
企及的举措:与豪强大肆蓄奴相反,他却让亲生儿子为其杀
死的奴婢偿命;与王公贵族疯狂兼并土地背道而驰,他拒绝
新野赐田,并屡次捐田由大司农分给无地的农民;又"筑舍
万区","网罗天下异能之士,至者前后千数"。① 在当时腐败
的时势下,王莽的所作所为无疑是惊世骇俗的,由此吸引了
无数寻找新德者的引颈关注与留连。

王莽即位前,由自任大司马秉政,经历封安汉公、加封
宰衡、居摄皇帝、假皇帝等几个阶段,每个阶段王莽都是应
谶而行。谶纬是一种神学目的论,五德的转移更替为汉末
谶纬的孳生发育提供了温床。其实,汉家再受命的谶言早
在王莽之前就出现了,成帝时齐人甘忠可造了一部《包元太
平经》,神秘地预言:赤精子下凡,汉家要再受命。哀帝朝大
厦将倾,王莽新德呼之欲出,谶纬蓬勃发达起来。公元 8 年

---

① 《汉书·王莽传》。

十二月,梓渔人哀章向王莽献"赤帝行玺某传予黄帝金策书",言天发令要赤帝刘邦传位给黄帝,赤帝即汉为火德,黄帝为土德,火生土,代汉而兴的新德必为土德,王莽以土德即天子位,"定天下之号曰新"①。国号是政权的象征及标志,定国号为"新",道出了王莽发迹的全部奥秘,王莽以"新"德代替刘汉旧德,将新莽政权纳入五德体系之中,即使是"篡"位也具有天然的合理性,这对王莽来说尤为重要。汉家火德,色尚赤,王莽认为"火德销尽,土德当代",于是"去汉兴新",以黄德当道,色尚黄,"改正朔,易服色,变牺牲,殊徽帜,异器制。……服色配色上黄,牺牲应正用白,使节之旄播皆纯黄"②。年号"初始",从元帝即位年号"初元"开始,出现了"永光""建昭""建始""永始""太初""元始"等表示改新意的年号,王莽的"初始"年号某种意义上是对元帝以来"更化"改新的继承,因为"再受命"是"更化"的高级形式。

王莽国号"新",封造谶言的哀章为"美新公",国师公刘歆为"嘉新公",同列上公。

这里有必要对刘歆的情况作一简要说明。刘歆是刘氏宗族,著有《洪范五行传》,是董仲舒五德终始学说的笃信

①②《汉书·王莽传》。

者。在五德经始学说的影响下，人们对汉家旧德不再留恋，在刘氏宗族中也相当普遍。王莽仿效周公摄政行天子事，就是泉陵侯刘庆上奏太后而被批准的。王莽代汉过程中，有刘氏举兵反莽的记载，更多的是刘氏附莽的记载，耐人寻味的是其附莽的积极性与其他异姓相比犹有过之。如居摄元年（公元6年）刘崇、张绍起兵，刘崇族父刘嘉投向王莽，上奏说："方今天下闻崇之反也，咸欲褰衣手剑而叱之……而宗室尤甚。"[①]刘敞子刘祉娶翟宣女为妻，翟宣弟翟义起兵，"敞因上书谢罪，愿率子弟宗族为士卒先"[②]。在这种情况下，刘歆出任新室国师、投向新德在当世是很自然的，诚如钱穆所说，当世社会"又深信阴阳五德转移之说，本非效后世抱万世帝王一姓之见。莽之篡汉，硕学通儒颂功德劝进者多矣，虽亦觊宠竞媚，亦会一时学风之趋向，不独刘歆一人为然"[③]。

三

历史给王莽开了一个不小的玩笑，他依据五德终始学说轻易地登上皇位，但新莽的土德在这个循环不已的系统

---

① 《汉书·王莽传》。
② 《后汉书·城阳恭王祉传》。
③ 钱穆：《刘向歆父子年谱》，《古史辨》第五册上编，上海古籍出版社1982年版。

中倏忽而过，很快成为旧德，让位于下一个新德。光武即天子位，就以火德自居。经过数年征战，刘秀势力渐成，手下将领劝他称帝，他正在犹豫之际，早年在长安的同学强华从关中带来《赤伏符》，上言"刘秀发兵捕不道，四夷云集龙斗野，四七之际火为王"①，刘秀承继西汉火德，即天子位。但十分值得注意的是，在他正式登基的祭神祝文上，将上述谶语修改为"刘秀发兵捕不道，卯金修德为天子"，光武不言火德，透露出东汉统治者将对五德终始学说进行重新审视的些许消息。

五德终始学说在西汉末成为刘氏失祚、王莽代汉的理论依据，教训是惨痛的，光武即位采取"任文吏而黜功臣"的措施，加强对儒士的控制，因为儒士左右风俗，直接影响政治，力矫西汉末"家天下"观念淡漠的状况。顾炎武说："新莽居摄，颂德献符者遍于天下。光武有鉴于此，有尊崇节义，敦厉名实，所常用者莫非经明行修之人，而风俗为之一变。"②

矫正风俗是应急措施，新的统治学说仍没有建立起来，光武谢世前饥不择食地一头扎进谶纬之中。在他62岁时，

① 《后汉书·光武帝纪》。
② 《日知录》卷一九"两汉风俗"条。

仿效武帝封禅泰山，钦定八十一篇谶纬，宣布图谶于天下，由是神学迷雾充斥整个社会。以神学迷信指导社会政治，在以实践理性为特征的儒学占主导地位的文化大背景下，注定是要落空的，即使在光武当朝，仍有一批学者如桓谭等为守住一片理性天空不惜冒犯天颜。如同西汉初期一样，建立新的统治学说是无时不萦绕统治者心头的一件大事，到建初四年（公元 79 年）章帝"称制临决"的白虎观会议上，这个问题才最终得以解决。论者多从经学史的角度看待白虎观会议，对五德终始说进行改造、建立新的统治学说应是白虎观会议的重要使命之一。

白虎观会议对五德终始学说的改造主要表现在两个方面：

其一，《白虎通》将董仲舒五德终始的动的体系改造成一个僵固的体系，永远定格在东汉的火德上。这样东汉统治者永享天下，不再有五德更替、改朝换代之忧。董仲舒体系中，灾异是"天"谴告人君的，促其改制更化，如不悔悟，灾变愈演愈烈，直至再受命。《白虎观》的灾异观发生了变化："天所以有灾异何？所以谴告人君，觉悟其行，欲令悔过修德，深思虑也。"[1]这里抛弃了更化及再受命之说，灾异的功

---

[1]《白虎通·灾变》。

能大大萎缩了,不论灾变如何,君位不可动摇,万世不更。所谓"明臣可以为君,君不可更为臣",如果仅看前半句似乎五德还是动的系统,但关键在后半句,"君"位永远定格,已经作了"君"的,永远不可再为臣,五德体系被牢牢地固定下来。表面上看来,《白虎通》似乎是对"天"地位的贬低,因为灾异(天的意志)功能减弱,天子可以不买天的账。但"天"毕竟是虚幻的,董仲舒体系中天人合一、天人同心,其根本性结果是董仲舒学说中民本性的褪化,民在封建政治中的地位下降。无论君主多么荒淫无道,无论民的处境多么凄惨,君仍然是君,不再受任何统制,君主也不再有改朝换代之虞了。

其二,《白虎通》将五德终始说由说明朝代更替的学说改造为论证封建统治秩序的理论。董仲舒五德终始体系中,五德的地位总体上是平等的,唯有均衡才能运转。在《白虎通》中,五德终始系统被僵固以后,特别强调土德,木在东,火在南,金在西,水在北,土在中央,实际上以土德配人君,构成以皇帝为中心的次序分明的政治秩序。木火金水与春夏秋冬四时相配,"春生夏长,秋收冬藏,土所以不明时。地,土别名也,比于五行最尊,故不自居部职也"①,而

---

① 《白虎通·五行》。

"人主不任部职"①，土德成了人君之象。"木非土不生，火非土不荣，金非土不成，水非土不高"②，土成了主宰五德的核心。

《白虎通》不仅以五德比附社会政治秩序，甚至将整个自然界都比附到社会政治中，"君有众民，何法？法天有众星也；王者赐，先亲近后疏远，何法？法天雨高者先得之也；长幼何法？法四时有孟仲季也；朋友何法？法水合流相承也；……不以父命废主命，何法？法金不畏土而畏火；……君一娶九女，何法？法九州象天之施也……"，这样，自然与政治体制、社会秩序乃至天子的礼仪规范成了一个庞大的对应系统，自然秩序不会变化，那么社会政治秩序也就是天经地义的了。

经过东汉统治者的改造，董仲舒五德终始学说结构中两个层面发生变化：君权神授、君主专制的内容大大加强，而民本性因素相应大为退化。五德终始体系由说明朝代更替的动性体系变为规定封建统治秩序的僵死图式，以《白虎通》的面世为标志，董仲舒的五德终始学说宣告终结。

（原载《史学月刊》1996 年第 2 期）

---

①②《白虎通·五行》。

论董仲舒与司马迁《史记》著述之关系

司马迁是董仲舒的私淑弟子,《太史公自序》中自言问学于董仲舒。董于元狩二年(公元前 121 年)致仕,居茂陵,卒年史无明载,一般认为在元狩六年(公元前 117 年)。司马迁于元朔二年(公元前 127 年)随家徙居茂陵,次年(二十岁)壮游天下,两年后回到故里。从二者的行年看,司马迁的问学当在二者同居茂陵的一段时间,即元狩二年董的致仕至元狩六年董的谢世,司马迁在廿五至廿九岁之间。董为当世大儒,又是有汉一代政治学说的建构者,晚年思想更为成熟和精到,而此时的司马迁意气风发,遍阅群书,踏勘史迹,正积极酝酿著史的宏业。在注重师承的汉代,茂陵问学四年董仲舒对司马迁及其著述不能不产生影响。

"天人感应"与"天人合一"：董仲舒政治学说的内涵

董仲舒的贡献在于将儒学政治化，建构起一套完整的政治学说体系，他的政治学说是顺应时代的要求而产生的。

一个政权的建立，统治理论上要解决两方面的问题，一是政权的合理性问题，另一是政权的长久性问题。启代父禹自立，传说中的"禅让"民主制被"家天下"专制取代，中国古代社会跨入文明的门槛。上古重天道，三代都以得天命自居，但"天命不永"始终困扰着统治者，"靡不有初，鲜克有终"成为《诗经》中反复咏叹的主题。自西周始，思想领域内经历着"重民轻天"的重大转变，夏以来以"天"为基础的正统理论逐渐失去存在的依据，时代要求产生新的正统学说。

战国齐人邹衍以自然比附社会历史，根据木、火、土、金、水五种自然物质的生克属性建立五德终始学说，为政治的嬗变提供新的依据，并在此基础上产生了自黄帝轩辕氏以降的五德终始体系。此说首先为秦始皇有意识地利用，周为火德，水克火，继周而兴的秦便以水德自命。水阴性，数用六，色尚黑，并将黄河更名为德水，以此获得秦统治天下的天然合理性。但五德终始是一个循环不已的动性系统，仅解决了统治的合理性问题，在统治的长久性即如何永保其德问题上悬而未决，秦无暇进行理论上的论证，只是在名号上希冀始皇、二世、三世乃至万世永远传承下去，但到二世即亡。

汉继秦兴，刘邦起自微末，建汉后迫不及待地将其政权纳入五德体系之中，在汉居何德问题上汉初几十年中一直存在分歧，或说刘邦为黑帝，得水德，因袭秦制；或说刘邦为赤帝，秦为正统中的闰位，汉承尧后，继周为火德。汉德之争毕竟只是五德终始体系中的技术性问题，对于国祚已立的汉统治者所关心的是统治命运的长短问题。汉兴几十年间，革秦弊政，推行休养生息的无为而治政策，社会经济迅速得到恢复和发展，出现封建史家艳称不已的"文景之治"盛世局面。伴随着社会经济的繁荣出现了诸如土地兼并、豪强猖獗、奢侈靡费、弃本逐末等一系列严重社会问题，诸侯王纷纷举兵反叛，北面匈奴虎视眈眈，所有这些都对汉政权构成严重威胁，形势要求统治者亟需解决长治久安的理论问题，西汉前期一些有远见的政治家如贾谊、晁错等针对具体的问题提出了深刻的见解，但没有形成完整的体系。在这种形势下，董仲舒的政治学说应运而生了。[①]

---

① 关于董仲舒政治学说的论述，参见拙文《论董仲舒五德终始说的影响及终结》，《史学月刊》1996 年第 2 期。

对西汉统治的严峻状况，董仲舒有着更为深切的认识，他说："昔秦受周之弊，而亡（无）以化之；汉受亡秦之弊，又亡（无）以化之。夫继二弊之后，承其下流，兼受其猥，难治甚矣。"①在对策武帝时直言不讳地指出当时政治的危殆状况："今汉继秦之后，如朽木粪墙矣，虽欲善治之，亡（无）可奈何！法出而奸生，令下而诈起，如以汤止沸，抱薪救火，愈甚亡（无）益也！"②董仲舒"三年不窥园"，经过理论上的艰苦努力，终于构就成天人感应而又天人合一的政治学说体系。

在董仲舒学说中，"天"具有自然与人格的双重特征，《春秋繁露》中有许多"天人相副"即自然之天与自然之人外在特征相合一的细致描述，但"天"只是中介，是为了实现人格之天与社会之人相合一理论视点上的转换，体现出由自然观照社会的传统思维模式特征。"天"具有意志，为至高无上的主宰，"天者，百神之君也"③。天指派天子即皇帝统理万民，所谓"唯天子受命于天，天下受命于天子"④，"受命之君，天意之所予也"⑤。皇天对天子的为政状况进行监督，以灾祥形式兆示意志，进行臧否褒贬。政治清明时，天降符

---

① 《汉书·五行志》。
② 《汉书·董仲舒传》。
③ 《春秋繁露·郊义》。
④ 《春秋繁露·为人者天》。
⑤ 《春秋繁露·深察名号》。

瑞,万物和顺,"天下之人同心归之,若归父母,故天瑞应诚而至"①。反之,天子不德,政治无道,天降灾异以警示天子,促其改制更化,如执迷不悟,冥顽不化,皇天可授命于他人,"刑罚不中,则生邪气……此灾异所缘而起也"②。此即"天人感应"。

灾异作为上天的意志,是对天子的警告,"灾者,天之谴也;异者,天之感也","凡灾异之本,尽生于国家之失。国家之失乃始萌芽,而出灾异以惊骇之,惊骇之余尚不知畏恐,其殃咎乃至"。③ 上天兆示灾异,意味着政治出现衰败,目的在于让统治者改弦更张,董仲舒以琴瑟的调节作比:"窃譬之琴瑟不调,甚者必解而更张之,乃可鼓也;为政而不行,甚者必改而更化之,乃可理也。当更张而不更张,虽有良工不能善调也;当更化而不更化,虽有大贤不能善治也。故汉得天下以来,常欲善治而至今不可善治者,失之于当更化而不更化也。"④为政者只有及时修复补救,恭谨自励,清除积弊,政治才能保持生机。然而苍天对天子的奖惩予夺是有标准的,取决于"民"的状况,民在政治中占有重要地位,"人之超

---

① ②《汉书·董仲舒传》。
③《春秋繁露·必仁且知》。
④《汉书·董仲舒传》。

然万物之上，而最为天下贵也"①，"且天之生民，非为王也，而天立王以为民也。其德足以安乐民者，天予之；其恶足以贼害民者，天夺之……故夏无道而殷伐之，殷无道而周伐之，周无道而秦伐之，秦无道而汉伐之。有道伐无道，此天理也，所从来久矣"②。有道伐无道为自古以来"天理"使然，汉无道亦必将被伐，天意以民心为本，此即"天人合一"。

董仲舒以天人感应而又天人合一的思维模式，构建成系统的政治学说，其内涵包括两个层面：其一，君权天授。"天"处于最高地位，指派天子统理万民亘古不变，此即"道"，所谓"道之大原出于天，天不变，道亦不变"③。这样，君权就具有神圣性。其二，民本观念。民的状况直接反映政治状况，也决定上天的意志。灾异（天）、政治状况（为政者）与民（人）三位一体，天人感应而又天人合一，为政者居天、人之间，政治命运完全掌握在自己手中，怨天与尤人皆无济于事，"治乱兴废在于己"④。皇如同爵称，并非一人一姓所专有，政治清明便享有天下，反之国祚不保，目的在于强化为政者的人格责任，董仲舒将人君视为整个政治的核心，正己方能正人，他说："故为人君者，正心以正朝廷，正朝

---

① 《春秋繁露·天地阴阳》。
② 《春秋繁露·尧舜不擅移，汤武不专杀》。
③④ 《汉书·董仲舒传》。

廷以正百官,正百官以正万民,正万民以正四方。四方正,远近莫敢不一于正,而亡(无)有邪气奸其间者。是以阴阳调而风雨时,群生和而万民殖,五谷孰(熟)而草木茂。……诸福之物,可致之祥,莫不毕至,而王道终矣。"①

董仲舒发挥儒学中的民本、内圣外王等学说,并予以政治化与具体化,使儒家由心性修养学说变而为直接指导政治运作的理论。以此为指导,他提出了改革现实的施政方案:"限民名田,以赡不足,塞并兼之路。盐铁皆归于民。去奴婢,除专杀之威。薄赋敛,省徭役,以宽民力。"②同时注重礼义教化,"立太学以教于国,设庠序以化于邑,渐民以仁,摩民以谊,节民以礼"③。董仲舒顺应西周以来思想领域内"重民轻天"观念转变的历史潮流,将夏、殷正统学说的理论基点由"天"转换到"人"上,建立新的政治学说。

这样,董仲舒通过完整的理论形态,解决了汉统治者最为迫切的统治理论问题,一方面强化君权天授观念,强调汉统治的合理性;另一方面试图通过民本性原则限制、规范君权,以维护天命国祚,长治久安,使汉家统治"传之无穷,而施之无极","永惟万世之统"。④因此,董仲舒的政治学说理所当然为武帝所采纳,成为统治学说。

①②③④《汉书·董仲舒传》。

"究天人之际"与"通古今之变"：
司马迁《史记》对乃师政治学说的史学阐释

太史世家、先父遗命是司马迁著史的原动力，他对历史必然有自己的见解，也必然有自己的著史目的。在《太史公自序》中，司马迁与壶遂就《史记》的写作义例进行了讨论，这是他著史心迹的坦露，《史记》全书则是他思想的物化形式。以下就《史记》的义例与内容两方面探讨《史记》著述与董仲舒政治学说间的关系。

在义例上，司马迁将《史记》著述与孔子删订《春秋》作比，以阐释乃师学说自命。

司马谈毕生欲仿《春秋》著史，并以五百年后孔子自况，但终未如愿，抱憾而终，临卒前将未竟之业托付给司马迁。司马谈步武《春秋》著史是为了光弘祖业，扬名后世，是对"孝"的终极关怀，"扬名于后世，以显父母，此孝之大者"①。与其父不同，司马迁则步武《春秋》的阐"道"精神，孔子负"道"周游列国，不得重用，晚年删订《春秋》，以"道"融汇贯

————————

① 《史记·太史公自序》。

串其中,以纲维人世,传诸久远。答壶遂就以董仲舒的话为依据:"余闻董生说:'周道既废,孔子为鲁司寇,诸侯害之,大夫壅之。孔子知言之不用、道之不行也,是非二百四十二年之中,以为天下仪表,贬天子,退诸侯,讨大夫,以达王事而已矣!'子曰:'我欲载之空言,不如见之行事之深切著明也。'《春秋》上明三王之道,下辨人事之纪,明是非,定犹豫,善善恶恶,贤贤贱不肖,存亡国,继绝世,补弊起废,王道之大者也。"①

确如壶遂所诘问,《春秋》产生于乱世,孔子希图在礼崩乐坏的时代恢复"礼乐征伐自天子出"的王道政治,但"上无明君,下不得任国"②,于是晚年借《春秋》以载"道"。而司马迁"上遇明天子,下得守职"③,表面看来与孔子及其时代判若霄壤。其实,武帝后期确实面临着十分严峻的政治形势。

汉兴七十年间积累了大量财富,也产生了大量社会问题,尤其武帝兴师劳民,遂使天下纷然而动,司马迁在《平准书》中说:"自是之后,严助、朱买臣等招来东瓯,事两越,江淮之间萧然烦费矣。唐蒙、司马相如开路西南夷,凿山通道千余里,以广巴、蜀,巴、蜀之民罢(疲)焉。彭、吴、贾灭朝鲜,置沧海之郡,则燕、齐之间靡然发动;及王恢设谋马邑,

---

① ② ③《史记·太史公自序》。

匈奴绝和亲，侵扰北边，兵连而不解，天下苦其劳，而干戈日滋。"南面江淮、西面巴蜀、东面燕齐、北面诸郡，溥天之下都受兵赋之害。加之武帝好方术仙道，长期巡游天下，耗费无数，弄得财力枯竭，民生凋敝。为弥补国库空虚，积货敛财，武帝大开"兴利"之路，如卖武功爵、造皮币、官营盐铁、算缗、告缗、入谷补官、入粟补官赎罪等，实质是与民争利，使民的处境日益恶化。

一如董仲舒所说，民处境的恶化意味着政治状况的恶化，这种观念在当世儒士中甚为突出，徐乐将天下之患分为"土崩"与"瓦解"两种类型：前者指政治崩溃，改朝换代，以秦亡为代表；后者指政治分裂，王权旁落，以春秋、战国为代表。他认为心腹之患不在瓦解而在土崩，直言不讳地指出由于民心不稳当世面临土崩的严重局面："闻者关东五谷不登，年岁未复，民多穷困，重之以边境之事，推数循理而观之，则民且有不安其处者矣。不安故易动，易动者，土崩之势也。"①有道伐无道为自古以来的"天理"，解除土崩的根本出路在于改弦更张。董仲舒学说为政治哲学，不免抽象，虽被武帝所采纳，但政治实践却与之发生背离。司马迁引孔子言"我欲载之空言，不如见之行事之深切著明也"，司马贞

---

① 《史记·平津侯主父偃列传》。

《索隐》云："孔子言我徒欲立空言,设褒贬,则不如附见于当时所因之事。"太史公就职责所及,仿《春秋》作《史记》,从历史的兴衰通变中阐释、论证董仲舒的政治学说,在有着重史传统的文化背景下会收到更好的效果,这是司马迁仿《春秋》作《史记》的"微言"所在。

在司马迁看来,"补弊起废"是重要的王道,亦即《春秋》的灵魂。武帝政如垒卵,"更化"为当务之急,与《春秋》相类,《史记》始终贯穿着"承弊易变"的微旨。司马迁认为自古以来政治的嬗变就是一个"承弊易变"的过程:"夏之政忠。忠之弊,小人以野,故殷人承之以敬;敬之弊,小人以鬼(事鬼),故周人承之以文;文之弊,小人以僿(轻薄),故救僿莫若以忠。……周、秦之间,可谓文弊矣,秦政不改,反酷刑法,岂不谬乎? 故汉兴,承弊易变,使人不倦,得天统矣。"①救周之弊在于"忠",即笃本务实,涵养根基,秦不晓此理故速亡,汉兴清静无为,与民休养生息,故得"天统"。武帝一改汉初萧规曹随式政治,内外兴作,动摇根本,结果必蹈亡秦覆辙,此中"微言"实为武帝盛世"危言",具有警醒作用。

在内容上,《史记》"究天人之际,通古今之变",对董仲舒天人政治学说进行史学阐释。

---

① 《史记·五帝本纪》。

首先，司马迁认为自黄帝以降政治兴替的历史就是"有道伐无道"的历史，亦即五德终始体系下皇天"再授命"的历史。黄帝"有土德之瑞，故号黄帝"①。夏末"桀不务德而武伤百姓，百姓弗堪"，"汤修德，诸侯皆归汤"。②夏亡，"汤乃改正朔，易服色，上白，在朝以昼"。③殷季纣无道，臣祖伊谏说天将弃殷，授命于他，"天既弃我殷命"，纣答说："我生不有命在天乎！"纣不思补救，其亡指日可待，祖伊由此说"纣不可谏矣"。④武王克殷，以受命天子自居，"膺更大命，革殷，受天明命"⑤。幽王政治无道，伯阳甫意识到"周将亡矣"，"天之所弃，不过其纪"⑥，断言周不出十年即亡。秦代周而兴，嬴政以受命天子自任，居水德，"以为周得火德，秦代周德，从所不胜"⑦。但秦承周弊不知变更，迅即被天所弃，继之陈涉首难，项、刘起兵。依五德终始说，司马迁认为陈、项、刘都是承顺天命的人物，"太史公读秦楚之际，曰：初作难，发于陈涉；虐戾灭秦，自项氏；拨乱诛暴，平定海内，卒成帝祚，成于汉家。五年之间，号令三嬗，自生民以来，未有受

①《史记·五帝本纪》。
②《史记·夏本纪》。
③④《史记·殷本纪》。
⑤⑥《史记·周本纪》。
⑦《史记·秦始皇本纪》。

命若斯之亟也"①。三者都适逢其会,承有天命,陈、项得其时但非其人,故中途溃败,刘邦得其时又是其人,建立汉祚,履登九五。从这个意义上我们更深切地领会《史记》将陈涉列为世家、项羽与刘邦列为本纪的含义。

其次,司马迁认为天人关系中以人为本,政治兴衰成败的决定因素在为政者自身,强调为政者的人格责任。与乃师相同,他认为灾异的隐与现取决于人为,"太史公曰:国之将兴,必有祯祥,君子用而小人退;国之将亡,贤人隐,乱臣贵。……甚矣,'安危在出令,存亡在所任',诚哉是言也"②。他继承乃师的灾异观③,灾异被幻为上天意志,实际上是民状况的反映,灾异也就成了衡量天子政治状况的标尺,这个本质特征被司马迁一语道破,他说:"然其(灾异)与政事俯仰,最近天人之符。"④灾异与政事俯仰,反应天人感应而又合一的本质关系。据此,他提出了为政的次序:"太上修德,其次修政,其次修救,其次修禳,正下无之。"⑤注重德教,勤政理民,这是上等政治。当政治出现弊乱后及时修复补救,改弦更张,仍不失为明智之举。最等而下之的是政治无道,

---

① 《史记·秦楚之际月表序》。
② 《史记·楚元王世家》。
③ 关于董仲舒灾异观的论述,参见拙文《汉代灾异观略论》,《学术月刊》1997年第 5 期。
④⑤ 《史记·天官书》。

上天降灾异警示，君主不反躬自省，修救补弊，反而祭祀禳祈，耗费钱财，本末倒置，结果可想而知了，这恰是武帝时的状况。司马迁自言作《孝武本纪》的目的在于记述武帝"尤敬鬼神之祀"的情况，"太史公曰：余从巡祭天地诸神名山川而封禅焉，入寿宫侍祠神语，究观方士祠官之言，于是退而论次自古以来用事于鬼神者，具见其表里"①。司马迁突出武帝的"修禳"政治，促其更化"修救"，可谓苦心孤诣。

需要指出的是，司马迁认为灾异负有重要的政治功能，并非人人所能言，而是一项十分严肃、神圣的职责，家占物怪、牵强附会不足为训，他说："幽、厉以往，尚矣。所见天变，皆国殊窟穴，家占物怪，以合时应，其文图籍机祥不法。"②方术之士附象比类，以言灾异作为干利营生之具，沦为神秘的意志论和目的论，当然不足与言。

载之空言不如见诸行事，司马迁"究天人之际，通古今之变"，对董仲舒的天人政治学说进行史学实证阐释。大凡像武帝那样雄才大略之人难以听进逆耳忠言，徐乐的"土崩"之论不可谓不尖锐，却难以为这位雄主所接受。《史记》成书后即上奏朝廷，武帝御览后的具体情形史无明载，但历

---

① 《史记·孝武本纪》。
② 《史记·天官书》。

史告诉我们,武帝晚年悔征伐之事,就在他卒的前一年即征和四年(公元前 89 年)下《轮台罪己诏》,田余庆先生认为"是中国古代帝王罪己以收民心的一次比较成功的尝试,它澄清了纷乱局面,稳定了统治秩序,导致了所谓'昭宣中兴',使西汉统治得以再延续近百年之久"①。关于下诏的原因,田先生认为和开边无着及武帝与卫太子的矛盾有关,自为确当之论。1977 年甘肃玉门花海汉代烽燧遗址出土简牍中有戍卒所抄诏书,武帝"制诰"皇太子"善遇百姓,赋敛以理,存贤近圣,必聚士谞(xū,才智)","胡亥(亥)自泜(圯),灭名绝纪,审察朕言,众(终)身毋欠(已?)"②,其要在告诫太子善遇百姓,听信忠言,修身持己,惩亡秦之败,武帝下此诏应与看了这位被他施以酷刑的史臣所著《史记》有关。

结　语

董仲舒和司马迁是汉代两位重要人物。董仲舒适应时代的需要,将儒学政治化与实践化,建构起天人感应而又天人合一的政治学说体系,体现出儒学以民本为特征的实践品格,为汉祚的长治久安提供理论依据。武帝的政治实践

---

① ② 田余庆:《秦汉魏晋史探微·论轮台诏》,中华书局 1993 年版。

与董仲舒政治学说发生背离，"载之空言不如见诸行事之深切著明"，司马迁从历史兴衰通变中探究天人关系，对乃师天人政治学说进行史学的实证阐释。因之，从著述方式及主旨上，司马迁都将《史记》与《春秋》作比，由此也决定《史记》有明确的现实性和针对性。

董仲舒的政治学说着眼于维护统治的秩序，侧重点在政治伦常和社会制度，呈现出正统性；司马迁的史学重在从历史的兴替通变中阐述成败兴亡的道理，强化民本观念，突出为政者的人格责任，从而呈现民本性。在强调二者差异性的同时不应忽视其主体性继承的一面，这样才能更深切地认识和把握二者的思想，对于认识汉代文化思想史也是有意义的。

（原载《河北学刊》1997 年第 4 期）

汉代灾异观略论

灾异观是汉代政治学说的重要内容，在汉代政治中有着不可忽视的影响。另一方面，由于阴阳术士的穿凿附会，灾异又成为荒诞不经的权谋干利之具，以致模糊了人们对灾异进行审视的视线。探究灾异的实质、功能及意义，对于认识汉代政治哲学及政治史，无疑是有意义的。

灾异的实质

灾异，当然指自然现象。灾、异是两个不同的概念，何休《春秋解诂》说："灾者，有害于物，随事而至者；异者，非常可怪，先事而至者。"依此诠释，"灾"是指造成危害的自然灾害，"异"指兆示灾难的怪异现象。孔子不语怪、力、乱、神，但灾异不属此范围，《春秋》242年中，书灾异122例。孔子不厌其烦地书灾异，是为了突出春秋"礼坏乐崩"的政治状况。

殷、周以来，"天"被人格化、道德意志化，这样在汉儒看来，灾异便成为上天意志的体现，是上天对无道政治的惩戒。与此相对，如果政治清明，上天降祥瑞以示嘉奖。政治清明时，河清海晏，万物安宁，凤凰来仪，鹿鸣鹤舞，灾异不生，就连日食这种常见天象也不会发生，以至于唐代著名天文学家、高僧一行对此也确信不疑，他说："然则古之太平，日不食言，星不孛，盖有之矣。"[1]相反，政治混乱时，万物纷扰，阴阳失调，天崩地裂，灾连祸结，《春秋》中就充满了连篇累牍的灾异记载。由此看，作为政治学说的灾异观不仅仅具有自然的意义，而有其更深层的底蕴。

从灾异发生的实际情况看，灾异观的出现有其自身的规律，如水旱、地震等与太阳黑子的周期性活动有关，天象受天体运行的客观规律支配，此外还有相当程度的偶然性。但无论如何，在农业文明时代，人类活动对自然的影响尚处于浅表层次，灾异的发生与人的实际活动基本上不存在必然的因果关系，而在汉儒看来，灾异与政治状况息息相关，天人感应。实质上，灾异成了衡量政治状况的标尺，是政治

---

① 《新唐书》卷二七《历志三下》。

状况的晴雨表。

汉儒构建灾异的这种本质特征自然有其社会历史的厚实基础。在古代社会,生产力水平低下,人类个体的生存能力较低,在强大的自然力面前,尤须发挥群体的优势,所以政治的优劣相当程度地体现在对社会的组织及防御自然灾害的能力上。政治清明时,社会是一个有序整体,能较好地发挥群体能力,应付自然灾害的能力较强,遇到一般的灾害较易克服,大的灾害发生也能将灾害降到较低的限度,这种状况下灾异自然较少;而当政治混乱时,社会处于混乱无序状态,整个社会有限的财力得不到适当的调剂与分配,应付灾害的能力自然较弱,即使小的灾害发生也会束手无策,酿成大祸,大的灾害发生便殃祸无涯了,这种状况下灾异必然大为增多。儒学的两个核心概念是礼与仁,礼即"名分",是对社会秩序的规定;仁即"爱人",是对人际关系的协同,要之是为了建立重民、爱人的有序社会。孔子在大书特书春秋"礼坏乐崩"形势下灾异的同时,提出了建立民本的有序社会的为政理想。汉儒以灾异作为衡量政治状况的标尺,确实抓住了为政的根本与关键,突出了儒学实践理性的本质特征。

对灾异的实质进行系统论述的是西汉大儒董仲舒,见于他著名的《天人三策》及《春秋繁露》中,构成他政治化儒学的重要内容。首先，他对灾异作出与何休截然不同的文化阐释："灾者，天之谴也；异者，地之感也。"①灾异成为上天的意志。其次，他认为灾异的出现始于政治的腐败，"凡灾异之本，尽生于国家之失，国家之失乃始萌芽，而出灾异以惊骇之，惊骇之余尚不知畏恐，其殃咎乃至"②。再次，他认为政治状况主要反映在民的状况上，"民无所好，君无以权也；民无所恶，君无以畏也。无以权，无以畏，则君无以禁制也。"③"民"具有极高的政治地位，天立君是为民的，他说："人之超然万物之上，而最为天下贵也。""且天之生民，非为王也，而天立王以为民也。故其德足以安乐民者，天予之；其恶足以贼害民者，天夺之。"④天可以根据民的状况决定人君的存弃予夺，无疑是孟子"民贵君轻"思想的翻版。这样，灾异论实际上成了规范人君的政治学说，灾异（天）、政治状况（为政者）、民（人）三位一体，天人感应而又天人合一，为政者居天人之间，政治命运完全掌握在自己的手中，只要自省自励，勤政理民，就灾害不生，享有国祚；一旦荒怠无道，就会招致天怨人怒，国运不保。灾异观强调为政者的人格责任，集中体现了儒学以民为本的政治观念。

---

① ②《春秋繁露·必仁且知》。
③《春秋繁露·保位权》。
④《春秋繁露·尧舜不擅移，汤武不专杀》。

　　司马迁私淑董仲舒,著《史记》的目的在于从史学角度将乃师的政治学说进行实证式阐释,他曾引孔子言:"我欲载之空言,不如见诸行事之深切著明也。"①"究天人之际,通古今之变",即是从历史上政治成败兴衰的通变中论证天人感应、天人合一之道。他的灾异观师承董子,完全以人事为本,"国之将兴,必有祯祥,君子用而小人退;国之将亡,贤人隐,乱臣贵……甚矣,安危在出令,存亡在所任,诚哉是言也!"②灾异作为衡量政治状况的标尺,"然其与政事俯仰,最近天人之符"③,灾异与政事俯仰亦即政事的权衡,反应天人间关系。由此他提出为政顺序:"太上修德,其次修政,其次修救,其次修禳,正下无之。"④修德、修政即君主圣哲贤明,政治清明,天人同乐,这是最上等政治,如文、景之世;修救即出现弊乱后及时修复补救,仍不失明智之举。最下等的政治是"修禳",政治浑浊,上天昭示灾异,为政者不思内省补救,这是武帝时期的状况。太史公著《史记》的目的是为了使好事兴作、沉湎仙道的武帝警醒,也是他将《史记》比之于《春秋》的"微言大义"所在。

　　董仲舒的政治学说为武帝所采纳,深刻地影响着当世

---

① 《史记》卷一三〇《太史公自序》。
② 《史记》卷五〇《楚元王世家》。
③④ 《史记》卷二七《天官书》。

政治生活（下详述），对中国古代的政治观念也产生深远影响，直至清代雍正帝仍以灾异观自省诫人，他说："从来天人感应之理捷于影响，凡地方水旱灾祲，皆由人事所致。"①"朕常言天人感应之理捷于影响，督抚大臣等果能公忠体国，实心爱民，必能感召天和，锡嘉祥于其所辖之地。"②"何等督抚，何等年岁，天道随人，捷于影响，实令人可畏之至。"③

灾异的功能

灾异是衡量政治状况的标尺，是政治的权衡，在实际政治运作中，充当了政治调节的功能，表现在对君主政治及王朝政治进行调节两个方面，对君主及王朝统治进行一定的规范与约束。

1. 皇帝见灾异自省自励，群臣借灾异条陈方略，对政治及时修复补救。

一如董仲舒所说，天对人君毕竟是仁爱的，"天欲尽扶持而全安之"④，天降灾异犹严父责子，是仁爱的表现，"皇天

① 《清实录·世宗实录》卷五九。
② 《清实录·世宗实录》卷八五。
③ 《谕旨》二函布兰泰六。
④ 《汉书》卷五六《董仲舒传》。

所以谴告人君过失,犹严父之明诫"①。如果天不示灾异,任由政治腐败下去,意味着君主被上天抛弃,那才是最可怕的,如明帝所说:"昔楚庄无灾,以致戒惧;鲁哀祸大,天不降谴。今之动变,倘尚可救。"②在这种观念支配下,两汉帝王对天灾极为敏感,勇于承担责任,几乎每有灾异都下罪己诏。据统计,两汉帝王因灾异下诏40次以上③,灾异有日食、月食、星孛、星陨、彗星、地震、旱灾、水灾、蝗灾、牛疫、无麦苗、陨霜不杀草等,采取的补救措施有赈灾、进贤、免租、免贷、赐爵、赐帛、大赦、禁杀奴婢、理讼、禁卖酒、派使者体察民情、整肃吏治、释放后宫、驰苑囿之禁、省宫室之用等,几乎涉及政治生活的各个方面,略列举之:

汉元帝朝因灾异下罪己诏达十余次,如初元五年(公元前44年)夏四月,有星孛于参,下诏说:"朕之不逮,序位不明,众僚久旷,未得其人,元元失望,上感皇天,阴阳为变,咎流万民,朕甚惧之。"④以为灾异是官未得人、百姓失望而上感皇天所致。汉成帝建始三年(公元前30年)十二月日食,下诏说:"盖闻天生众民,不能相治,为之立君以统理之。君

①《汉书》卷八五《谷永传》。
②《后汉书》卷二《明帝纪》。
③据《汉书》及《后汉书》帝纪统计。
④《后汉书》卷九《元帝纪》。

道得，则草木昆虫咸得其所；人君不德，谪见天地，灾异娄（屡）发，以告不治……朕甚惧焉，公卿申敕百僚，深思天诚，有可省减便安百姓者，条奏；所振（赈）贷贫民，勿收。"①将抚恤百姓作为修政的根本措施。哀帝时政治衰坏，积重难返，灾连祸结，他自知天命不再，说"吾欲法尧舜"②，意欲将皇位传给董贤。

后汉光武帝因灾异下诏不下十次，建武五年（公元 29 年）五月诏说："久旱伤麦，秋种未下，朕甚忧之。将残吏未胜，狱多冤结，元元愁恨，感动天气乎？其令中都官、三辅、郡、国出系囚，罪非犯殊死，一切勿案，见徒免为庶人。务进柔良，退贪酷，各正厥事焉。"③光武因灾异兴百废，如裁汰冗吏、平抑豪强、选举人才、蠲免租赋、禁杀奴婢等。桓帝建和三年（公元 119 年）夏四月日食，下诏说："君道得天下，则休祥著乎上；庶事失其序，则咎征见乎象。间者，日食毁缺，阳光晦暗，朕只惧潜思，匪遑启处。"④九月因日食下诏"郡国不得卖酒"⑤。

两汉帝王皆将灾异视为政治隳坏的表征，都因灾异而修政，修政之本在理民，两汉统治维持四百余年，与这种氛

---

① 《汉书》卷一〇《成帝纪》。
② 《汉书》卷一一《哀帝纪》。
③ 《后汉书》卷一《光武帝纪》。
④⑤ 《后汉书》卷七《桓帝纪》。

围密切相关。清代学者赵翼注意到这种现象,指出"汉诏多惧词",汉代政治特点是"但有庸主,而无暴君"①,正反映了灾异的政治功能。

另一方面,群臣借灾异指摘弊政,条陈为政方略,规谏皇帝,修弊起废。遇有灾异,君主下诏罪己的同时,选举贤良、方正、直言极谏之士,策问为政之方,儒士对策也以灾异为凭借,直言不讳,如晁错对景帝"治国之大体"策问时说:"动静上配天,下顺地,中得人。故众生之类亡(无)不覆也,根著之徒亡(无)不覆也……德上及飞鸟,下至水虫草木诸产,皆被其泽。然后阴阳调,四时节,日月光,风雨时,膏露降,五谷熟,妖孽灭,贼气息,民不疾疫,河出图,洛出书,神龙至,凤鸟翔,德泽满天下,灵光施四海,治国大体之功也。"②晁错将天人合一的灾异观上升到"治国大体"即治国纲要的高度,在这种观念下天人间的决定因素在人而非天,政治命运完全由为政者自己掌握,"王者必先自绝,然后天绝之"③。"治天下者当用天下之心为心,不得自专快意而已也"④。基于此,汉代群臣进谏较少忌讳,与"汉诏多惧词"相对,汉疏多极言直谏之

①《廿二史札记》卷二"汉诏多惧词"条。
②《汉书》卷四九《晁错传》。
③《汉书》卷八五《谷永传》。
④《汉书》卷八二《鲍宣传》。

词，略举之如次：

汉元帝名臣贡禹因"年岁不登，郡国多困"上疏裁抑后宫，减损车马，弛禁苑囿，罢角抵诸戏，结果元帝非但未怪罪他，反而"迁禹为光禄大夫"①，掌宫廷日用。顺帝时"灾异屡作"，公车征郎𫖯，𫖯"陈消灾之术"的核心是选贤任能，罢斥奸佞，认为官未得人是灾异频发的根源，"陛下践阼以来，勤心庶政，而三九（三公九卿）之位未见其人，是以灾害屡臻，四国未宁"，"夫求贤者，上以承天，下以为人，不用之则逆天统，违人望。逆天统则灾眚降，违人望则化不行"②。与此同时，罢黜尸位素餐之人，"若欲除灾昭祉，顺天致和，宜察臣下尤酷害者，亟加斥黜，以安黎元"③。

后汉和帝时丁鸿因日食上疏警惕外戚窦氏专权，以为日食乃下干上之象，"背王室，向私门，此乃上威损，下权盛也。人道悖于下，效验见于天……故天垂见戒，诚宜深惧，以防其病"，防窦氏害政之病也。灵帝时谢弼借"大风拔木"告诫灵帝除杀奸臣，以免尾大不掉之祸，"臣闻和气应于有德，妖异生乎失政。上天告谴，则王者思其愆；政道或亏，则奸臣当其罚……不知陛下所与从容帷幄之内，亲信者为谁，

---

① 《汉书》卷七二《贡禹传》。
②③ 《后汉书》卷三〇下《郎𫖯传》。

宜急斥黜,以消天戒"①,矛头显然有所指。

翻检两汉史籍,君臣借灾异议政的事例俯拾即是,说明灾异在汉代政治生活中确实具有不可忽视的地位与影响,它在一定程度上规范、约束君权,使群臣有一定的参与政治的权力与机会。因此,灾异观对君主政治的调节具有一定的积极意义。

2. 天人感应、天人合一的灾异观为王朝更替提供了理论依据,对王朝统治进行调节。

前已有述,天人关系中起决定性因素是人而非天,政治命运完全掌握在为政者自身。天道无亲,有道者有其位,失道者失其政,因而在汉代"家天下"概念是极其淡薄的。一如董仲舒所说,"民"为立国之本,天立君以统理万民,有德者享其国祚,无德者必被伐,"言天无常予,无常夺也……王者,天之所予也,其所伐者天之所夺也……故夏无道而殷伐之,殷无道而周伐之,周无道而秦伐之,秦无道而汉伐之。有道伐无道,此天理也,所以来久矣"②。有道伐不道,朝代的更替嬗代,被认为是"天理"使然,这种"天理"是通过五德终始系统来体现的。自黄帝轩辕氏以来代居一德,五德即

---

① 《汉后书》卷二七《谢弼传》。
② 《春秋繁露·尧舜不擅移,汤武不专杀》。

木、火、土、金、水五种物质间的生克是客观自然的,那么与之相应的朝代的嬗代也就天经地义了。这样,王朝的统治就调节在一定的"有道"范围内,极端荒淫无道的统治势必被取代,在汉儒看来是顺理成章的事。

如汉宣帝滥授官爵,谏大夫鲍宣说:"夫官爵非陛下之官爵,乃天下之官爵也。"[1]百官是上天为统理万民而提供的职位,并非皇帝所私有,要官得其人。不仅如此,皇帝亦为爵称,并非一人、一姓所专有,为天下最高职位,更要得其人,"天生烝民,不能相治,为立王者以统理之,方制海内非为天子,列土封疆非为诸侯,皆以为民也"[2]。因此,当皇帝无道、无能时,必须改朝换代易政以治。西汉后期,政治衰坏,灾异频繁,为臣者可以当廷怀疑汉祚存在的合理性,皇帝也视之为自然,兹略举之:

汉昭帝时眭弘以董仲舒学说为理论依据上书说:"先师董仲舒有言:虽有继体守文之君,不害圣人之受命。汉家,尧后,有传国之运。汉帝宜谁差天下,求索贤人,禅以帝位,而退自封百里,如殷、周二王后,以承顺天命。"[3]盖宽饶对宣帝说:"五帝官天下,三王家天下,家以传子,官以传贤,若四

---

①《汉书》卷七二《鲍宣传》。
②《汉书》卷八五《谷永传》。
③《汉书》卷七五《眭弘传》。

时之运,功成者去,不得其人,则不得其位。"①就连刘氏宗族刘向也上疏元帝说:"虽有尧、舜之圣,不能化丹、朱之子;虽有禹、汤之德,不能化末孙之桀、纣。自古及今,未有不亡之国也。""王者必通三统,明天命所授者博,非独一姓也。"②谷永明确地以灾异警示成帝:"垂三统,列三正,去无道,开有德,不私一姓,明天下乃天下之天下,非一人之天下也。王者躬行道德……符瑞并降,以昭保佑。失道妄行,逆天暴物,穷奢极欲,湛湎荒淫……终不改寤,恶洽变备,不复谴告,更命有德。"③在这种观念支配下,哀帝才有"禅让"之举。

　　"家天下"观念虽然在后世得到强化,但汉代的灾异观一直根深蒂固地积淀于后世政治意识之中,中国古代周期性的改朝换代就是其调节功能的体现,"皇帝轮流做"也成为广泛存在的社会意识。

灾异观的意义

　　两汉在中国历史上占有十分重要的地位,既是中世纪政治制度奠立的时代,又是中世纪文化思想形成的时代。

①《汉书》卷七七《盖宽饶传》。
②《汉书》卷三六《楚元王传》。
③《汉书》卷八五《谷永传》。

继之佛教东来，道教勃兴，但独尊儒术形成的以儒学为主导的意识形态终清之世一直没有变更，儒家的政治观念也深深地植根于历史之中。灾异观作为这种政治观念的重要内容，对古代中国政治产生了深远的影响，一定程度上防止了古代政治的神秘化、极端专制化和过度腐朽化，形成一种自我调节的政治机制，为文明的延续传承提供了前提条件。

首先，灾异是衡量政治状况的尺度，亦即政治的权衡，立足点及归宿点是实际人事，"民"构成政治的基础，这就使古代中国政治面向人事，具有厚重的人本意识，而非西方中世纪那样面向神学，政治神学化。在古代中国，神学一直未能占据主导地位，佛、道虽几度兴盛，但都在害民蠹政的观念下受到抑制，并导致"三武一宗"灭佛的极端政治举措。神秘化政治在以实践理性为特征的儒学政治观念下是不会出现的。

其次，古代中国的政治体制是君主专制，但在灾异观念下，君主并非至高无上，而要受天（即"人"）的制约。在灾异面前，君主小心警畏，下诏罪己，自省自励，群臣借此指摘时政，条陈为政方略，一定程度上体现出集团政治的特征，尽管是很有限度的，极端专制化的寡头政治始终未能出现则是不争的事实，"但有庸主，而无暴君"其实是古代中国有别于其他文明古国的重要政治特征之一。

再次，灾异是衡量君主政治状况的标尺，同时也是衡量王朝政治状况的标尺，对君主及王朝政治具有调节作用，"家天下"观念一直未能形成绝对的政治理念。这样，王朝政治衰坏腐朽就有一个"度"的限制，一个王朝政治衰坏腐朽到一定程度必然被另一个王朝取代，过度腐朽化的家族政治是无法持续的，周期性的改朝换代就是一种良性自我调节。

笔者无意于美化古代政治，关于古代政治弊端的分析与揭示已经相当全面和透彻了。笔者只是想指出，中国古代文明延续数千年之久而不辍，在世界文明史上独一无二，必然有其内在的积极性特质，探究、阐发这些特质对于认识及弘扬古代文明都是富有裨益的。

（原载《学术月刊》1997 年第 5 期）

由扶汉到附莽：
西汉后期士人政治取向的转变

五德终始说：西汉后期的政治理论依据

董仲舒被称为"醇儒"，说明董氏学说具有以原始儒学为主体，并通过阴阳、五行的体系使儒家思想权威化的特征。董氏学说对西汉后期士人政治取向影响最著者表现在如下两方面：其一，王朝统治的可更替性。五德终始本是循环不已的动性系统，五德之间相生相克，每朝居一德，既有代替上德的合理性，又有被下德取代的潜在可能性，国祚的长短完全取决于君主自身，政权的更替是自古以来的"天理"，汉无道必将被伐，符合天理逻辑。所以当汉政权腐朽无道时，这种观念就能被社会广泛认同。其二，君臣关系上以"义"合原则，不存在特定的名分。原始儒学中，孔子强调

"正名"，即明确君臣尊卑秩序，但君与臣之间以义合，"君使臣以礼，臣事君以忠"①。孟子对此作了进一步发挥，他说："君之视臣如手足，则臣视君如腹心；君之视臣如犬马，则臣之视君如国人；君之视臣如草芥，则臣视君如寇仇。"②据此形成了著名的汤、武"革命论"："天下有道，以道殉身；天下无道，以身殉道。未闻以道殉乎人者也。"③君臣之间无特定的名分，臣能择君，但君不可强使臣，董仲舒强化孔、孟、荀的君臣关系论，突出君臣以义、道合的原则。他说："胁严社而不为不敬灵，出天王而不为不尊上，辞父之命而不为不承亲，绝母之属而不为不孝慈，义矣夫。"④依此逻辑，汉政无道时，士人弃汉投他也是很自然的了。以上两点决定了西汉后期士人的政治取向，并最终影响了西汉政治的结局。

西汉后期政治扑朔迷离，神学迷信泛滥，方术之士活跃。就政治观而言，从皇帝到一般儒士，一姓独专的"家天下"非但没有成为绝对的观念，"官天下"反而成为上下的共识。灾异作为上天的意志，具有特别重要的政治意义，皇帝一遇灾异就下诏罪己，群臣借灾异极言直谏，危言谠论，毫

---

① 《论语·八佾》。
② 《孟子·离娄下》。
③ 《孟子·尽心下》。
④ 《春秋繁露·精华》。

无顾忌,与"汉诏多惧词"①相对的是汉臣"上书无忌讳"②,君臣间的这种政治氛围乃是出于潜意识中对"官天下"的认同,"但有庸主,而无暴君"③构成两汉政治的显著特征之一。把灾异引入政治者,首推宣帝。他在位 26 年中,因灾害、怪异而颁布诏书、下达各种政令 20 次(据《汉书·宣帝纪》)。内容不外两方面:一是诏举"有以应变"的经学之士和"明于先王之术者",答对消除灾异、修弊补救的办法;另一是采取具体措施改善百姓状况,如减免赋税、整肃吏治及派使者巡察民情、恤问孤寡等。元帝在位 16 年共下诏 19 次,其中因灾异下诏 12 次,要求各级官吏直接上谏或荐举民间"明阴阳灾异者"7 次。

在宣、元的大力倡导下,言灾异成为一种时尚。赵翼总结出"汉重日食",不但文帝、宣帝这样的"有道之君,太平之世,尚遇灾而惧如此",就连成、哀等"虽庸主亦以灾异为忧"。④ 在重视灾异的表象背后,潜伏着对汉德存在性的忧惧意识,这也成了朝堂之上君臣之间的主要议题。

对汉祚存在合理性的疑问在昭帝时就产生了。元凤三年(公元前 78 年),传言泰山有大石自立,上林苑中柳树断

---

① ③ 赵翼:《廿二史札记》卷二"汉诏多惧词"。
② 赵翼:《廿二史札记》卷二"上书无忌讳"。
④ 赵翼:《廿二史札记》卷二"汉重日食"。

枯卧起等怪异现象,眭弘(治《春秋》,以明经为郎)借题引董仲舒之言发挥道:"先师董仲舒有言,虽有继体守文之君,不害圣人之受命。汉家,尧后,有传国之运。汉帝宜谁差天下,求索贤人,禅以帝位,而退自封百里,如殷、周二王后,以承顺天命。"①时昭帝年幼,大将军霍光辅政,以妖言惑众罪将眭弘下狱处死。宣帝任用刑法,亲信宦官,时任司隶校尉的盖宽饶直言上书。班固记载说:"是时上方用刑法,信任中尚书宦官,宽饶奏封事曰:'方今圣道浸废,儒术不行,以刑余为周、召,以法律为《诗》《书》。'又引《韩氏易传》曰:'五帝官天下,三王家天下,家以传子,官以传贤,若四时之运,功成者去,不得其人则不居其位。'"②盖宽饶明经为郡文学,以孝廉为郎,又举方正,对策高第,迁谏大夫。他对宣帝的任用刑法提出批评,显然也是出于对儒士阶层政治命运的考虑。盖宽饶为人刚直尚节,志在奉公,他对汉王朝的忠心应无疑问,传运之言则基于当时普遍认可的五德转移政治观。元帝时,翼奉上疏:"天道有常,王道无常,亡常者所以应有常也",建议徙都洛阳,"因天变而徙都,所谓与天下更始者也。天道终而复始,穷则反本,故能延长而无穷也。今

---

① 《汉书》卷七五《眭弘传》。
② 《汉书》卷七七《盖宽饶传》。

汉道未终，陛下本而始之，于以永世延祚，不亦优乎！"①在汉祚未终、徙都更始之议的背后，仍然是五德转移论。

成帝以后，西汉政治每况愈下，汉德普遍受到怀疑，不再为社会留恋，王莽适逢其会，以新德面目出现，一时成为政治的重心。士人们在拯救汉德无望后转归王莽，王氏轻易转移汉祚，建立新朝。刘向、刘歆父子的政治取向在汉末儒士中具有典型意义。刘氏父子是刘氏宗室，又是五德终始说的笃信者，刘向以五德的转移警告汉帝，促其改制更化，以期留住汉祚。刘歆在汉德无望后转向王莽，出任新室国师，被封红休侯，成为"四辅"之一。刘氏子看似矛盾的政治选择恰是汉末政治环境下士人阶层政治取向合乎逻辑的发展。

刘向的扶汉

刘向，楚元王后，以父任为郎，通儒学，尤善说灾异，本之于董仲舒。他对刘汉王朝政治命运非常关切，对外戚势力的膨胀深为忧虑，迫切希望汉王朝强干弱枝，上疏说："历上古至秦汉，外戚僭贵，未有如王氏者也。""事势不两大，王

---

① 《汉书》卷七五《翼奉传》。

氏与刘氏,亦且不并立。"①成帝即位后,王凤为帝舅,以大将军辅政,"倚太后,专国权,兄弟七人皆封为侯"②,权倾朝野,刘氏国祚岌岌可危。时刘向领校群书,"向乃集合上古以来历春秋、六国至秦汉符瑞灾异之记,推迹行事,连传祸福,著其占验,比类相从,各有条目,凡十一篇,号曰《洪范五行传论》,奏之"③。刘向全书已佚,《汉书·五行志》留有片段,显而易见的是,刘向说灾异的目的在于使成帝警惕王氏势力,"天子心知向忠精,故为凤兄弟起此论也,然终不能夺王氏权"④。成帝本人败坏法度,荒淫奢侈,营造昌陵,无异于自掘坟墓,刘向极言谏说:"故贤圣之君,博观终始,穷极事情,而是非分明。王者必通三统,明天命所授者博,非独一姓也。……虽有尧、舜之圣,不能化丹、朱之子;虽有禹、汤之德,不能训末孙之桀、纣。自古及今,未有不亡之国也。……世之长短,以德为效,故常战栗,不敢讳亡,孔子所谓'富贵无常',盖此谓也。"⑤"世之长短,以德为效",刘向之论与董仲舒之说相同。他虽然意识到汉必亡,主观上却对汉德极力维护,齐人甘忠可造《天官历》及《包元太平经》十二卷,言"汉家逢天地之大终,当更受命于天,天帝使真人赤

①②③④⑤《汉书》卷三六《楚元王传》附刘向传。

精子下教我此道"①。时任中垒校尉的刘向奏忠可假鬼神罔上惑众，甘氏下狱病死。

成帝朝与刘向持相同态度的还有谷永。谷永少为小吏，后博学经书，屡借灾异指陈王氏专权之害："王者必先自绝，然后天绝之。""臣闻天生烝民，不能相治，为立王者以统理之，方制海内非为天子，列土封疆非为诸侯，皆以为民也。垂三统，列三正，去无道，开有德，不私一姓。明天下乃天下之天下，非一人之天下也。"②以民本性原则强调君主的人格责任，亦本于董氏学说。再如鲍宣，好学明经，举孝廉为郎，指出民的悲惨境况后说："天下乃皇天之天下也，陛下上为皇天子，下为黎庶父母，为天牧养元元，视之当如一。……夫官爵非陛下之官爵，乃天下之官爵也。陛下取非其官，官非其人，而望天说（悦）民服，岂不难哉。"③

西汉后期，儒士的"经术"有着特定的内涵，大儒夏侯胜的名言颇值得注意。他聚徒讲学，常谓诸生说："士病不明经术。经术苟明，其取青紫如俯拾地芥耳。学经不明，不如归耕。"④（《汉书》卷七五《夏侯胜传》颜师古注："青紫，卿大

---

① 《汉书》卷七五《李寻传》。
② 《汉书》卷八五《谷永传》。
③ 《汉书》卷七二《鲍宣传》。
④ 《汉书》卷七五《夏侯胜传》。

夫之服也。")士以明经被举者大都初为郎官,转任长吏,与公卿位相距甚远,夏侯氏所言"经术"显然不是指一般意义上的经学、儒术。夏侯胜为太傅,受诏著《太子说》等,卒后葬于平陵,太后赐钱二百万,为之素服五日,"儒者以为荣"①。他生前地位尊贵,死后极尽哀荣,可谓以经术取青紫的典范,经术的含义从他自身学术中可寻得解答。夏侯胜师从族父夏侯始昌,始昌"通五经,以《齐诗》《尚书》教授。自董仲舒、韩婴死后,武帝得始昌,甚重之"②。可见,始昌之学与董仲舒同质,以灾异说政治,得武帝器重。"胜少孤,好学,从始昌受《尚书》及《洪范五行传》,说灾异。"③二者合称大、小夏侯,依据《洪范》说灾异,皆立为学官,后继者有许商、孔光、班伯、家藏、假仓、李寻、秦恭、谷永、刘向、刘歆等。④ 可见,夏侯胜所言"经术"指董仲舒的天人政治学说,为西汉后期儒士的主导意识,刘向、刘歆父子皆为其信徒。

在董氏学说的影响下,儒士"家天下"观念淡薄,对汉祚是否合理的议论实际上是极言直谏之词,促使汉帝醒悟。但这种观念与后世的忠节有着质的区别。这是因为:其一,维护汉廷就是维护"天统""天命"。在一个王朝尚未最后失

①《汉书》卷七五《夏侯胜传》。
②③《汉书》卷七五《夏侯始昌传》。
④ 蒋善国:《尚书综述》,上海古籍出版社 1988 年版。

去天命之前，仍然是天意所在，只有当旧德无望、新德兴起之时，士人们才顺从天命，转向新德，政治状况是这种转变的决定性因素。其二，维护汉廷、排斥外戚也就是维护儒士阶层自身的政治利益。汉政以儒化法，儒士有了仕进之路，政治通道顺畅。而外戚、宦官擅权，任人唯亲，遍插党羽，儒士的仕进之路被阻断，对于士人是一个沉重的打击。因此，在政治上士人与外戚、宦官构成对立的两极，《汉书》及《后汉书》中两方面往往对称，就反映了这个事实。在西汉，士人的政治影响与政治意识都较薄弱，不足以与宦官、外戚对抗。但在东汉后期就大为不同，双方对抗的结果酿成"党锢之祸"。

刘歆的附莽

　　吕思勉先生论述西汉政治嬗变的过程说："汉治陵夷，始于元帝，而其大坏则自成帝。（成）帝之荒淫奢侈，与武帝同，其优柔寡断，则又过于元帝。朝政自此乱，外戚之势自此成，汉事遂不可为矣。"①成帝时西汉政治的衰颓几乎是无可挽回了，旧德将失，新德必兴，是"天理"使然，儒士们在扶

---

① 吕思勉：《秦汉史》，上册，第 181 页，上海古籍出版社 1983 年版。

汉无望后顺从"天命"寻求新德,此时王莽以新德面目粉墨登场,儒士由扶汉向附莽转变。

王莽虽属外戚,但确是一个典型的儒士形象。饱读经书,广交儒士,是影响他政治前程的决定性因素,客观上顺应了武帝以来以儒化法的历史潮流,主观上以常人难以企及的手段塑造自身的新德形象,由安汉公、居摄到建立新室,实现皇权近乎平稳的过渡。剔除班固《汉书·王莽传》中的贬斥性言辞,可以看到一个较为实际的王莽形象。在政治混浊、人们对汉家旧德不再留恋、四处寻找新德之时,王莽的所作所为无疑会引来全社会的关注与趋归。与其说王氏代汉是靠收揽民心以积累政治资本而实现的,不如说他是以"激进"的儒化法方式而实现。武帝后的儒化法是"渐进"的,王氏所作所为可说是"激进"的,固然取得了政治上的速效,但也潜伏着严重的危机,由此可以解释王莽的勃兴与遽亡。

王莽由自任大司马秉政,经历封安汉公、加封宰衡、摄皇帝、假皇帝等几个阶段,每一步都由群臣上疏、太后下诏而促成。其中不乏刘氏宗室,王氏仿效周公居摄、"行天子事"就由泉陵侯刘庆上书。其间也曾有刘氏起兵反莽,如居摄元年(公元前6年)三月安众侯刘崇与张绍起兵,以维护宗室相号召,但应者寥寥,"绍等从者百余人,遂进攻宛,不得入而败"①。不仅如此,刘氏宗室附莽的积极性并不比一般人逊色,刘崇族父刘嘉投向王莽,说:"方今天下闻崇之反也,咸欲骞衣手剑而叱之……宗室所居或远,嘉幸得先闻,不胜愤愤之愿,愿为宗室倡始,父子兄弟负笼荷锸,驰之南阳,猪崇宫室,令如古制。及崇社亦如亳社,以赐诸侯,用永监戒。"②再如刘敞娶宣女为妻,翟宣弟翟义起兵反莽,"敞因上书谢罪,愿率子弟宗室为士卒先"③。

刘歆是这时期士人的代表性人物。刘歆也以儒学称,是五德终始说的集大成者,著有《三统历》及《世经》,今存《汉书·律历志》中。但他的学说与乃父有着重大的不同:刘向主五行相胜说,以土、木、金、水、火为次;而刘歆主无行相生说,以木、火、土、金、水为次。《汉书·五行志》指出了这种差异:"孝武时夏侯始昌通《五经》,善推《五行传》,以传族子夏侯胜,下及许商,皆以教所贤弟子,其传与刘向同,唯刘歆传独异。"刘歆"独异"之处在于一反前人相胜说,而主相生说。

五德终始说是汉末士人包括刘向父子所共同尊奉的,相胜说与相生说的差异折射出父子二人在扶汉与附莽上的

---

①《汉书》卷九九上《王莽传》上。
②③《汉书》卷一四《城阳恭王祉传》。

不同取向,二者并不对立,而是合乎逻辑的发展。相胜说用于征伐,如武王伐纣、秦之伐周、汉之代秦,作为刘汉政权的合理性依据;相生说用于禅让,如唐虞故事,为王莽所钟,作为代汉的理论依据。

历史就这样具有戏剧性。刘邦自任赤帝,把水德排斥在正统之外,以为汉承尧火运而生。但在西汉后期,"汉家尧后,有传国之运"观念得到强化,昭帝时眭弘就倡此说,随着刘汉国势的衰颓而为越来越多的人信奉,哀帝付诸实践,说"吾欲法尧禅舜"①,把皇位传给嬖臣董贤,尝试着传说中的理想政治,成为西汉后期独特的政治景观。原本用于说明刘汉统治合理性的理论,一变而为王莽代汉的逻辑依据,最终归结到五德终始说。

王莽国号新,源于新都侯的封号,但"新"在西汉后期有着非同寻常的意义,改元自新乃至新德,是顺乎逻辑的发展。汉帝遇灾异下诏罪己,改年号以示自新,元帝即位年号"初元",又改"永光""建昭";成帝即位年号"建始",又改"永始";哀帝年号"太初";平帝年号"元始";王莽年号"初始"。因此,王莽"初始"年号某种意义上是对元帝以来更化改新的继承,不同者在于王氏是"再受命",但在董仲舒天人政治

①《汉书》卷一一《哀帝纪》。

学说中，"再受命"是"更化"的高级形式，反映在政治实践中，新德是改元的高级形式。王氏建新后论功行赏，王舜为安新公，平宴为就新公，刘歆为嘉新公，哀章为美新公，是为四辅，位上公；甄邯为承新公，王寻为隆新公，是为三公；甄丰为广新公，王兴为奉新公，孙建为成新公，王盛为崇新公，是为四将。由此可以看出，王莽对"新"的特别重视，其意义不仅限于原先封号上，"新"即新德之义，目的在于强调其政权的合理性，这对"禅让"而称帝的王莽来说显得尤为重要，由此也暴露了王氏发迹的奥秘。

刘歆政治取向的典型意义在于，作为刘氏宗室和儒士的一员，他尚且积极附莽，一般儒士就可想而知了。在董仲舒天人政治学说的影响下，刘歆及儒士的附莽是顺乎"天命"的，合乎历史的逻辑和时代的潮流。正如钱穆所说，当世社会"又深信阴阳五德转移之说，本非效后世抱万世帝王一姓之见，莽之篡权，硕学通儒劝进者多矣，虽以觊宠竞媚亦会一时学风之趋向，非独刘歆一人为然"①。钱穆先生据《后汉书》爬梳考证，西汉末儒士仕莽者甚众，有李宪、彭宠、隗嚣、公孙述、李守、冯异、岑彭、耿况、李忠、邳肜、耿艾、景

---

① 钱穆：《刘向歆父子年谱》，《古史辨》第 5 册上编，上海古籍出版社 1982 年版。

丹、窦融、马况、马余、马员、马援、原涉、卓茂、伏湛、侯霸、宋
弘、张湛、冯衍、苏竟、张纯、范升、陈钦、张宗、刘平、赵孝、徐
宣、欧阳歙、卫飒、王隆、史岑等。现象的简单罗列当然不能
说明什么问题，把他们与刘歆的政治取向结合起来看，西汉
末士人的政治取向应该很明朗了。

　　附莽是西汉末士人主流的政治取向，当然也有少量的
儒士不与王莽合作，如龚胜、邴汉，"以莽专政，乞骸骨，莽遣
之"①。郅恽上书王莽"取之以天，还之以天，可谓知命矣，若
不早图，是不免于窃位也"②。莽将其下狱，不久赦归。还有
习小夏侯《尚书》，称病不仕的王良③，"以儒学显""王莽居
摄，以病自免"的蔡茂④，传孟氏《易》的洼丹，传欧阳《尚书》
的牟长，传鲁诗的高翊，传《论语》的包咸等⑤。顾炎武论汉
末风俗时说："故新莽居摄，颂德献符者遍于天下。"⑥结合历
史的实际，顾氏之言是可信的。

　　王莽以激进的儒化法方式取得政权，也决定了他的政
治悲剧。他以《周礼》作为政治蓝本，实现儒家理想主义政

----

①《资治通鉴》卷三五"平帝元始二年"。
②《后汉书》卷九五《郅恽传》。
③《后汉书》卷二七《王良传》。
④《后汉书》卷二六《蔡茂传》。
⑤《后汉书》卷七九《儒林列传》。
⑥　顾炎武：《日知录》卷一三"两汉风俗"。

治,结果悖逆历史潮流,溃灭就不可避免了。吕思勉的评论甚为深刻：

> 先秦之世,仁人志士,以其时之社会组织为不善,而思改正者甚多。……此等思想虽因种种阻碍未之能行,然既磅礴郁积如此,终必有起而行之者,新莽其人也。新莽之所行,盖先秦以来志士仁人之公意,其成其败,其责皆当由抱此等见解者共负之,非莽一人所能尸其功罪也。新莽之为人也,迂阔而不切于事情,其行之诚不能无失,然苟审于事情,则此等大刀阔斧之举动,又终不能行矣。故曰:其成其败,皆非一人之责也。[①]

从文化的视角看待王莽其人及其改制活动,显然比单纯的政治视角要深刻得多。西周世卿世禄制的社会瓦解,士人从不同角度绘制了不同的政治蓝图,其中儒家设计了理想的圣贤政治,王莽尝试付诸实践,他的失败表明了儒家理想主义政治的破产。

（原载《江苏行政学院学报》2005 年第 2 期）

---

① 吕思勉:《秦汉史》上册,上海古籍出版社 1983 年版,第 198 页。

王符、郭泰、仲长统：

汉末士人政治品格转向的递进轨迹

　　东汉后期，士大夫在同宦官、外寂等腐朽势力进行坚决斗争的同时，政治人格也逐渐发生转向。士大夫强烈的王朝意识换来的却是残酷的回报，两次党禁，尤其是第二次党禁，死者百余人，受牵连而死、徙、废、禁者多达六七百人。忠而见疑、忠而被弃是对士人心理的极大戕害。"士之仕者，犹农夫之耕也。"①士人以入仕为天职，自汉武帝独尊儒术以后，通经入仕便成为士人普遍的生存方式。党锢之祸对士人最根本的打击就在于粗暴地挤压甚至消灭了士人精神的及现实的生存空间，对士人造成精神分裂式的影响。

　　由此导致的直接结果是：士大夫逐渐疏离政治，政治人

---

① 《孟子·滕文公下》。

格发生转向，由对外在价值的强烈追求转向自我天地；清议也由品鉴人伦、议论政治转向评论容颜及形而上的清谈。罗宗强先生对这种转向的概括甚为准确，他说："从重道德到重才性容止，反映着从经学束缚到自我意识的转化，逐步走向重视人、重视人的自然情性，重视人格独立，逐步导向对人的哲理思考，探询人与自然、人与社会的关系，逐步转向玄学命题。"①

朱熹通过汝颖大姓荀氏政治取向的转化形象地说明了转化的过程：

> 荀淑正言于梁氏用事之日，而其子爽濡迹于董卓，孙或称臣于曹操。盖则方正之气折于凶虐，而至于减图所以容身。②

转向是一个渐进的过程，也是一个加速度的过程。随着政治腐朽程度的加剧，士人的斗争愈加激烈，宦官、外戚的镇压愈加残酷，士人遭受的打击也日益严重，其政治品格的转向也日益显著。东汉后期三个著名政治人物王符、郭泰、仲长统生活于转向的全过程，也代表了转向的递进式轨

---

① 罗宗强：《玄学与魏晋士人心态》，浙江人民出版社1991年版。
② 朱熹：《朱子文集》卷三五《答刘子澄》，转引自陈登原《国史旧闻》卷一四"太学生与清议"条。

迹。王符生于章帝元和二年（公元 85 年），卒于桓帝延熹五年（公元 162 年），其间东汉政权由前期较为清明向后期浑浊转变；郭泰生于顺帝永建三年（公元 128 年），卒于灵帝建宁二年（公元 169 年），其间宦官、外戚专权正烈，卒年正是第二次党锢之祸的发生之年；仲长统生于灵帝元和三年（公元 180 年），卒于献帝延康元年（公元 220 年），其间汉室衰颓，卒年即汉亡之年。因此，王符、郭泰、仲长统代表了转向的全过程。

王符“潜夫”

王符，少好学，有志操，颇具士大夫的品格与风范，但“自和、安以后，世务游宦，当徒者更相荐引，而符独耿介不同于俗，以此不得升进”[①]。《后汉书》的这段叙述颇值得注意。和、安以后，宦官、外戚当政，垄断选举，遍栽朋党，耿介之人不得仕进，士人的出路被堵塞了，生存空间受到挤压。在这种情形之下，王符自称“潜夫”，隐居著书三十余篇，“以讥当时失得，不欲章（彰）显其名，故号曰《潜夫论》”[②]。“学

---

①②《后汉书》卷四九《王符传》。

以居位曰士"①，士人以仕为天职，王符以"潜夫"自称这是心理遭受巨大顿挫后无奈心态的袒露，可以感受到这个称号后面潜藏着的悲凉，说明士人与王朝政治之间开始产生疏离，士大夫作为王朝政治基础的角色开始发生变化，这个变化对士人以及王朝政治本身影响都是非常深远的。

但王符毕竟处在转向过程的初期，"潜夫"之称又反衬出他心系朝政的强烈观念以及他对士大夫身份的强烈认同。这种状态在《潜夫论》中有鲜明的体现，该书即以"指摘时政，讨商物情"为宗旨。如在《贵忠篇》中王符论述了"忠"的含义，他所说的忠包含了两个理论层次：其一，君主对天之忠；其二，人臣对君主之忠。两者相互联系，且后者以前者为前提：只有君主对天忠，人臣才对君主忠。而"天"毕竟是虚幻的，最终落实到"民"上，体现出儒家的民本思想。《爱日篇》以日喻民，强调爱惜民力的重要性，即是对民本思想的特别重申，在当时的历史条件下具有不同寻常的意义。他说：

> 夫帝王之所尊敬者天也，皇天之所爱育者人也。今人臣受君之重位，牧天之所爱，焉可以不安而利之、养而济之哉？是以君子任职则思利人，达上则思进贤，

①《汉书》卷二四上《食货志上》。

故居上而下不怨,在前而后不恨也。……故民主不敢
以私授,忠臣不敢以虚受。①

王符所言"任职则思利人,达上则思进贤"的君子,即士大
夫。维持王朝政治的清明,就要任用这样的人,斥退宦、戚
佞人。他说:"国以贤兴,以谄衰;君以忠安,以佞危。此古
之常论,而时所共知也。然衰国危君继踵不绝者,岂时无忠
信正直之士哉,诚苦其道不得行耳。"②宦官、外戚与士大夫
势不两立,专权后必然排斥士人,面对这种现实,王符发出
不平之鸣,但更多的是无奈,士大夫与王朝的离心倾向日趋
明显。

与王符的"潜夫"心态相仿,同时代的马融也取全生保
身之策。安帝永初二年(公元 108 年),大将军邓骘辟召马
融,以为舍人,马融坚辞不应命,"谓其友人曰:古人有言,左
手据天下之图,右手刎其喉,愚夫不为。所以然者,生贵于
天下也。今以曲俗咫尺之羞,灭无赀之躯,殆非老、庄所谓
也"③。马融为经学大师,通晓儒家经典,但在他看来,生命
是无价的,重于天下,在生命与天下之间他选择前者,从他
身上已看不出党人领袖杀身成仁、舍身取义的壮烈情怀。

---

① 王符:《潜夫论·贵忠篇》。
② 王符:《潜夫论·实贡篇》。
③《后汉书》卷六〇《马融传》。

在此之前尤其在先秦,老与庄的分野十分明晰,《老子》五千言为君人南面之术;而《庄子》宣扬全身养生之道,为遁世之术。魏晋"老庄"连称,为名士奉为圭臬,马融可谓开此先河。

郭泰"清虚"

郭泰(字林宗)是汉末士人政治品格转向的标志性人物。转向的实质是士人外在名分意识淡化,逐渐走入以自我为中心的主观世界。这样,品鉴人物的依据由德行政绩转为容貌行为,人伦品鉴作为专门之学勃然而兴,陈寅恪先生认为人伦品鉴作为专门之学自郭泰始[1],至为确当。其特点是以容貌举止、洒扫进退作为品鉴人物的标准与内容,即"清虚"化。

《后汉书》卷六八《郭泰传》记述了郭泰品鉴人物的十个典型事例,可以看出他在品鉴对象上不计贵贱贤愚,内容上劝学行善,追求人格的完善,而对外在名分不甚在意。《世说新语·德行》所载事例反映了这个特点:

---

[1] 陈寅恪:《逍遥游向郭义及支遁义探源》,《金明馆丛稿二编》,上海古籍出版社1990年版。

> 郭林宗至汝南，造袁奉高，车不停轨，鸾不辍轭；诣黄叔度，乃弥日信宿。人问其故，林宗曰："叔度汪汪如万顷之波，澄之不清，扰之不浊，其器深广，难测量也。"

东汉前期，士人中对经术、德行的风谣式品题十分流行，德、才兼优者迅即流誉天下，儒家的观念成为士人的自觉意识形态。与此相比较，郭泰的转向一目了然：疏离残酷的政治斗争，以求得全身远祸，诚如范晔所说："林宗虽善人伦，而不为危言核（骇）论，故宦官擅政而不能伤也。及党事起，知名之士多被其害，唯林宗及汝南袁宏得免焉。"①可见，郭泰已与党人判然有别。

但郭泰毕竟还是转向过程中人，仍割舍不了士大夫深切的政治情怀，除却不下对王朝政治的殷殷眷恋，"清虚"的背后是激愤。史载：

> 建宁元年，太傅陈蕃、大将军窦武为阉人所害，林宗哭之于野，恸。既而叹曰："'人之云亡，邦国殄瘁。''瞻乌爰止，不知谁之屋'耳。"②

可见郭泰报效无门的激愤心情。他虽不是党人，却在观念和感情上与党人密切地联系在一起。毫不夸张地说，郭泰

---

①②《后汉书》卷六八《郭泰传》。

的内心世界经受着与党人"号啕泣血"一样的煎熬。当世士人的心态大都与他相类，灵犀相通。如徐稚（字孺子）颇受著名党人陈蕃的赏识，陈在家专为他置一榻，来则放下，在当世被视为莫大的荣耀。但徐稚的政治热情远不及陈蕃，甚至也不及郭泰，尝对郭泰说："大树将倾，非一绳所维，何为栖栖，不遑宁处？"[①]

郭泰的典型意义就在于处在转向的过程当中，既偏离了汝、颍士大夫那样的党人品格，又与魏晋名士有别。总体说来，他的人伦品鉴仍以正统的价值体系为准则，较之正统而"清虚"化。比如他注重人物的"异操"，而"异操"是士人获得声誉、吸引当政者目光的重要因素，如汤用彤先生所说："《后汉书》袁奉高不修异操而致名当世，则知当世修异操以要声誉者多也。"[②]魏晋的人物品鉴更多地带有超功利的审美色彩，超越现世价值体系，反映了经过激烈的精神煎熬与震荡之后寻求闲适方外之境的愿望。如：

> 桓公（温）少与殷侯（浩）齐名，常有竞心。桓问殷：

---

① 《后汉书》卷五三《徐稚传》。
② 汤用彤：《读人物志》，载《汤用彤学术论文集·魏晋玄学论稿》，中华书局1983年版。

"卿何如我？"殷云："我与我周旋久，宁作我。"①

殷浩的目光局限于自我天地，不暇外顾。类似事例《世说新语》记载甚多，兹不赘述。

如同郭泰、范滂等在党人中的意义一样，郭泰同样是一时风会的象征，"（郭泰）尝于陈、梁间行遇雨，巾一角垫，时人乃故折巾一角，以为'林宗巾'。"②"林宗巾"被意象化了，其在士人中的流行，说明了郭泰人格的普遍性。转向已成为一种普遍的趋势。

仲长统"乐志"

士大夫政治人格的转向在党锢之祸的仲长统身上鲜明地反映出来，仲长统的名士风范呼之欲出。《后汉书》卷四九《仲长统传》载：

> 统性俶傥，敢直言，不矜小节，默语无常，时人或谓之狂生。每州郡辟召，辄称疾不就。常以为凡游帝王者，欲以立身扬名耳。而名不常存，人生易灭，优游偃

① 刘义庆：《世说新语·品藻》，徐震堮《世说新语校笺》本，中华书局1984年版。
②《后汉书》卷六八《郭泰传》。

仰，可以自娱。欲卜居清旷，以乐其志，论之曰："使居有良田广宅，背出临流，沟渠密匝，竹木周布，场圃筑前，果园树后。舟车足以代步涉之艰，使令足以息四体之役。养亲有兼珍之膳，妻孥无苦身之劳。良朋萃止，则陈酒肴以娱之；嘉时吉日，则亨（烹）羔豚以奉之。蹰躇畦苑，游戏平林，濯清水，追凉风，钓游鲤，弋高鸿。讽于无雩之下，咏归高堂之上。安神闺房，思老氏之玄虚；呼吸精和，求至人之仿佛。与达者数子，论道讲书，俯仰二仪，错综人物。弹《南风》之雅操，发清商之妙曲；消（逍）遥一世之上，睥睨天地之间；不受当时之责，永保性命之期。如是，则可以陵霄汉、出宇宙之外矣，岂羡夫帝王之门哉！"

仲长统所发议论即著名的《乐志论》，从中透视出他远离现实、鄙弃帝王而崇尚逍遥、自然的心态。在他的另一首诗中，这种心态有更直接的袒露："大道虽夷，见几者寡；任意无非，适物无可。……百虑何为？至要在我。寄愁天上，埋忧地下，叛散五经，灭弃风雅。……抗志山栖，游心海左。元气为舟，微风为舵。敖（遨）游太清，纵意容冶。"[①]在这里，我们可以看见活脱脱的一个名士。

----

① 《后汉书》卷四九《仲长统传》。

仲长统可谓开名士风范之先。他的《乐志论》为魏、晋著名的名士阮籍、嵇康等所追慕,余英时先生说:"细读嗣宗(阮籍)之《大人先生传》及叔夜(嵇康)《与山巨源书》,则俨然仲长统之《乐志论》。"①揆诸实际,余氏之言是可信的。在中国古代经济及建筑史上,中古是庄园别墅蓬勃发展的时代,称仲长统为庄园别墅的最早设计者恐不为过,他所描绘的山居图景由南朝宋永嘉太守谢灵运变为现实。谢氏颇富文才,诗文颇多,自言其《山居赋》为追怀仲长统而作:"仲子长云:欲使居有良田广宅,在高山流水之畔,沟池自环,竹木周布,场圃在前,果园在后。"②仲长统所心驰神往的闲适生活由竹林七贤及兰亭修禊的王羲之等名士实现了;他的叛散五经、灭弃风雅也开嵇、阮等越名教而任自然之先河。

如果说仲长统的名士风范还表现在理论上,同时代的孔融、祢衡等则具体体现在实践层面了。孔融为孔子之裔,却为孔门叛逆,远弃礼义,言谈举止不合礼仪节度,"不遵朝仪,秃巾微行,唐突宫掖。又前与白衣祢衡跌荡放言,云:'父之于子,当有何亲? 论其本意,实为情欲发耳;子之于

①　余英时:《汉晋之际之新自觉与新思潮》,载《士与中国文化》,上海人民出版社 1987 年 版,第 386 页。
②　《宋书》卷六七《谢灵运传》。

母，亦复奚为？譬如寄物瓶中，出则离矣'。"①这种大逆不道之言不仅消解了儒学的政治意义，连同其伦理意义也被消解了，只可视为特殊情境下的极端之论。孔融因其特殊身份、特殊的文化背景以及别出心裁的惊世骇俗之论，对于汉末士大夫的品格尤具象征意义。

与此相适应，孔融的为政更具名士风度。"建安元年（196年），为袁谭所攻，自春至夏，战士所余裁数百人，流矢雨集，戈矛内接，融隐几读书，谈笑自若。"②与孔融有异曲同工之妙的还有开封令阮简，"阮简为开封令，有劫贼，外白甚急，简方围棋长啸曰：'局上有劫甚急。'"③琴、棋及麈尾为名士终日把玩、须臾不可离之物，孔融、阮简的名士风范俨然。

王符的"潜夫"、郭泰的"清虚"、仲长统的"乐志"，反映了汉末士人政治品格转向的递进式轨迹，士人精神上从独遵儒术到越名教而任自然，实践上从积极入世到疏离政治，其身份也由士大夫转变为名士，血和泪伴随着转变的全过程。名士风度的背后，潜藏着极端的无奈与悲哀；名士的长啸声中，饱含着极度的凄切与悲凉。

当然，仲长统只可视为名士的先驱，从士人阶层的整体

①②《后汉书》卷七〇《孔融传》。
③《后汉书》卷一八五引《陈留风俗传》。

转向而言士人阶层的形成要稍晚一些。元代学者吴师道《礼部诗话》说:"仲长统诗尤为奇作,其曰叛散五经、灭弃风雅者,得罪于名教甚矣,盖已开魏晋旷达之习、玄虚之风。"明代杨慎《丹铅杂录》卷二五也说:"世谓清谈起于西晋,非也,汉季盖已有之。"接着,杨氏举出仲长统的例子。

　　士人阶层整体的转向,至曹魏齐王正始(公元 240—248)时结束,名士阶层正式形成。对此,学者已有精辟论述:"以此为界,形成了汉代经学与魏晋玄学清流文化的分水岭。"①

---

① 王晓毅:《中国文化的清流》,中国社会科学出版社 1991 年版,第 5 页。

参考文献举要

司马迁:《史记》,中华书局 1975 年点校本。

班　固:《汉书》,中华书局 1962 年点校本。

范　晔:《后汉书》,中华书局 1965 年点校本。

司马光:《资治通鉴》,中华书局 1976 年重印古籍出版社 1956 年点校本。

陆　贾:《新语》,上海古籍出版社 1990 年影印本。

贾　谊:《新书》,丛书集成初编本。

董仲舒:《春秋繁露》,上海古籍出版社 1989 年影印本。

刘　向:《说苑》,上海古籍出版社 1990 年影印本。

桓　宽:《盐铁论》,王利器《盐铁论校注》本,天津古籍出版社 1983 年版。

王　符:《潜夫论》,上海古籍出版社 1980 年影印本。

班　固:《白虎通德论》,上海古籍出版社 1990 年影印本。

袁　宏:《后汉纪》,周天游《后汉纪校注》本,天津古籍出版社 1987 年版。

徐天麟:《东汉会要》,商务印书馆民国二十四年(1935 年)国学基本丛书本。

徐天麟:《西汉会要》,商务印书馆民国二十四年(1935 年)国学基本丛书本。

孙　楷:《秦会要订补》,中华书局 1959 年排印本。

唐　晏:《两汉三国学案》,吴东民点校本,中华书局 1986 年点校本。

王　充:《论衡》,上海古籍出版社 1974 年排印本。

应　劭:《风俗通义》,上海古籍出版社 1990 年影印本。

孙星衍等辑:《汉官六种》,中华书局 1990 年排印本。

严可均:《全上古秦汉三国六朝文》,中华书局 1965 年影印本。

王国维:《汉魏博士考》,《王国维遗书》第 1 册,上海古籍出版社 1983 年版。

郑　樵:《通志》,浙江古籍出版社 1988 年影印万有文库《十通》本。

杜　佑:《通典》,浙江古籍出版社 1988 年影印万有文库《十通》本。

马端临:《文献通考》,浙江古籍出版社 1988 年影印万有文库《十通》本。

赵　翼:《廿二史札记》,王树民《廿二史札记校注》本,中华书局 1984 年版。

皮锡瑞:《经学历史》,中华书局 1959 年排印本。

皮锡瑞:《经学通论》,中华书局 1954 年排印本。

叶　适:《习学记言》,上海古籍出版社 1992 年排印本。

章学诚:《文史通义新编》(仓修良编),上海古籍出版社 1984 年版。

刘义庆:《世说新语》,徐震堮《世说新语校笺》本,中华书局 1984 年版。

顾炎武:《日知录》,上海古籍出版社 1984 年影印本。

顾炎武:《明夷待访录》,中华书局 1981 年排印本。

王夫之:《读通鉴论》,中华书局 1975 年版。

柳诒徵:《柳诒徵史学论文续集》,上海古籍出版社 1991 年版。

余嘉锡:《四库提要辨正》,中华书局 1980 年排印本。

胡适:《中国中古思想长编》,华东师范大学出版社 1986 年版。

劳　幹:《汉代察举制度考》,《历史语言研究所集刊》第 17 册,中华书局 1987 年影印本。

吕思勉:《吕思勉读史札记》,上海古籍出版社 1983 年版。

吕思勉:《秦汉史》,上海古籍出版社 1983 年版。

吕思勉:《先秦学术概论》,中国大百科全书出版社 1985 年版。

顾颉刚:《秦汉方士与儒生》,上海古籍出版社 1954 年版。

顾颉刚:《五德终始说下的政治与历史》,《古史辨》第 5 册,上海古籍出版社 1982 年影印本。

钱　穆:《刘向歆父子年谱》,《古史辨》第 5 册,上海古籍出版社 1982 年影印本。

陈寅恪:《金明馆丛稿二编》,上海古籍出版社 1980 年版。

陈寅恪:《陈寅恪史学论文选集》,上海古籍出版社 1992 年版。

陈登原:《国史旧闻》,中华书局 1962 年版。

汤用彤:《魏晋玄学论稿》,中华书局 1962 年版。

翦伯赞:《秦汉史》,北京大学出版社 1983 年版。

侯外庐:《中国思想通史》,人民出版社 1980 年版。

容肇祖:《魏晋的自然主义》,东方出版社 1996 年版。

张舜徽:《周秦道论发微》,中华书局 1986 年版。

杨向奎:《宗周社会与礼乐文明》,人民出版社 1992 年版。

杨向奎:《绎史斋学术文集》,上海人民出版社 1983 年版。

蒙文通:《古学甄微》,巴蜀书社 1987 年版。

郭沫若:《先秦天道观之进展》,《青铜时代》,人民出版社 1954 年版。

范文澜:《中国通史简编》(修订本),人民出版社 1964 年版。

钱穆:《国史大纲》,商务印书馆 1994 年影印台北商务印书馆 1974 年
修订本。

余英时:《士与中国文化》,上海人民出版社 1987 年版。

李泽厚:《中国古代思想史论》,人民出版社 1985 年版。

汤志均:《西汉经学与政治》,上海古籍出版社 1994 年版。

周予同:《周予同经学史论著选集》(修订版),朱维铮编,上海人民出
版社 1983 年版。

蒋善国:《尚书综述》,上海古籍出版社 1988 年版。

杨　宽:《战国史》,上海人民出版社 1980 年版。

王亚南:《中国官僚政治研究》,中国社会科学出版社 1981 年版。

李学勤:《东周与秦汉文明》,文物出版社 1984 年版。

唐长孺:《魏晋南北朝史拾遗》,中华书局 1983 年版。

田余庆:《东晋门阀政治》,北京大学出版社 1989 年版。

田余庆:《东汉魏晋史探微》,中华书局 1993 年版。

刘泽华：《士人与社会》（秦汉魏晋南北朝卷），天津人民出版社 1992年版。

刘泽华：《士人与社会》（先秦卷），天津人民出版社 1988 年版。

刘泽华主编：《中国政治思想史》，南开大学出版社 1992 年版。

徐复观：《徐复观集》，群言出版社 1993 年版。

金春峰：《汉代思想史》，中国社会科学出版社 1987 年版。

杨　宽：《战国史》，上海人民出版社 1980 年版。

阎步克：《察举制度变迁史稿》，辽宁大学出版社 1994 年版。

阎步克：《士大夫政治演生史稿》，北京大学出版社 1996 年版。

罗宗强：《玄学与魏晋士人心态》，浙江人民出版社 1991 年版。

杨国荣：《善的历程——儒家价值体系的历史衍化及其现代转换》，上海人民出版社 1994 年版。

孔　繁：《魏晋玄谈》，辽宁教育出版社 1992 年版。

马　勇：《汉代春秋学研究》，四川人民出版社 1990 年版。

黄留珠：《秦汉仕进制度》，西北大学出版社 1985 年版。

江晓原：《天学真原》，辽宁教育出版社 1991 年版。

俞晓群：《数术探秘——数在中国古代的神秘意义》，三联书店 1994年版。

钟肇鹏：《谶纬论略》，辽宁教育出版社 1992 年版。

饶宗颐：《战国史学上之正统论》，上海远东出版社 1996 年版。

刘岱主编：《天道与人道》，三联书店 1992 年版。

俞启定：《先秦两汉儒家教育》，齐鲁书社 1987 年版。

高　敏：《秦汉史论集》，中州书画社 1982 年版。

王晓毅:《中国文化的清流》,中国社会科学出版社1991年版。

魏良弢:《忠节的历史考察:先秦时期》,《南京大学学报》1994年第1期。

魏良弢:《忠节的历史考察:秦汉至五代时期》,《南京大学学报》1995年第2期。

陈　勇:《论光武帝"退功臣而进文吏"》,《历史研究》1995年第4期。

方北辰:《两汉的"四行"与"四科"考》,《文史》第23辑。

高卫星:《西汉吏道简论》,《郑州大学学报》1993年第5期。

周乾溁:《对盐铁会议的重新估计》,《天津师大学报》1991年第6期。

马　彪:《试论汉代儒宗地主》,《中国史研究》1988年第4期。

张金光:《论秦汉的学吏制度》,《文史哲》1984年第1期。

刘泽华:《战国时期士考述》,《郑天挺纪念论文集》,中华书局1990年版。

孙　筱:《孝的观念与汉代新的社会统治秩序》,《中国史研究》1990年第2期。

马　彪:《东汉士风中"禄利"、"名节"之变》,《北京师范大学学报》1992年第2期。

马　勇:《黄老学与中国社会》,《中国史研究》1992年第4期。

黄朴民:《论董仲舒新儒学的主导性质与基本特征》,《中国史研究》1990年第2期。

侯外庐:《汉代士大夫与汉代思想的总倾向》,《史学史研究》1990年第4期。

苏诚鉴:《"汉家尧后,有传国之运"——西汉亡于儒生论》,《安徽师大学报》1988 年第 4 期。

王晓毅：《东汉安顺之际的汝颍名士》，《山东大学学报》1992 年第 2 期。

卜宪群：《秦制、汉制与楚制》，《中国史研究》1995 年第 1 期。

林剑鸣：《秦汉政治生活中的神秘主义》，《历史研究》1991 年第 4 期。

杨国荣：《儒家人论的原始形态》，台北《孔孟学报》第 71 期。

后　记

　　离开南京大学整整二十年了,回过头来整理博士学位论文,脑际断续回放南大三年的时光片段,印象最深的是西南楼,不知为何,对夏天的西南楼印象尤为深刻:初夏梅雨时节,洒落在大屋顶的丰沛雨水从沟瓦间潇潇洒洒地飘下,随风变换着弧线,然后无所顾忌地溅落地面,酣畅淋漓;盛夏,窗外高大的梧桐树绿荫如盖,阵风拂过,树叶间变幻着太阳明晃晃的折射白光,生动而热烈。知了声嘶力竭单调地叫着,与室内一样单调的吊扇声营造着关于酷暑的记忆。二十年过去了,西南楼风景无异,后来多次路过,都不由自主地仰视,试图找寻当年的吉光片羽,可从未如愿。印象中的西南楼只属于那三年,不可重现和体验,只可追忆与缅怀。

　　南大问学三年，与众多师友结下终生友谊。影响最大也是最为感激的无疑是导师魏良弢老师。魏老师的教育理念是内求诸己的，不问外界如何，只求自身努力，自身努力了才会有收获，才会无怨悔，才会自立自强。人一能之，己十能之；人十能之，己百能之。大道至简，真正持之以恒地实践确非易事。他就给我们树立了楷模：上课总是提前半小时以上到场；迟到或懈怠总是不留情面地批评；即使有小的进步总会不遗余力地鼓励；下午提交的数万、十来万字的作业，次日一早必定会有全面和尖锐的修改意见；开放、活跃的思维，使得我们听课如坐春风；到宿舍从早到晚海阔天空地神游古今，历历在目。魏老师言传身教的，既是世界观，也是方法论，让我受益终身。在这二十年中，每隔一段时间总觉须与老师相聚小酌，每次相聚总能掸去些心灵的灰尘，总能激活些倦怠的精神，总能获得些生活的理由。惟愿老师健康！孟昭庚老师、蒋赞初老师、蒋广学老师等讲课的情景，犹如昨日，刻骨不忘。

　　书稿保留了论文的原貌，只是在导言前面加了一段文字，可视为内容提要；书稿的内容基本都已在海内外刊物上发表，附录收入的六篇论文（最后一篇除外）就是其中的部分，也一仍其旧。需要说明的是，这几篇文字与书稿内容时有重复。毕业后没有继续学术研究工作，二十年来经年累月陷于具体、琐碎的事务之中，总觉被时间裹挟着，身非己有，除了马齿徒增，几无可称道之处，于学术久已疏远，也不知书稿的内容有无意义，如今书稿的出版了却一桩心事，不敢奢望对学术有所贡献。

　　南京师大李天石教授一再督促书稿的出版，江苏人民出版社徐海社长对书稿的出版惠予鼓励和关心，装帧设计师姜嵩先生精心设计封面，心存感激！一路走来，有众多师友关心和陪伴，一并感谢！

2018 年 3 月 5 日　惊蛰

再版后记

　　本书是笔者 1995—1998 年在南京大学跟从魏良弢先生攻读博士学位的学位论文，2018 年以《汉代士人与政治》为名出版，现以《士仕之间：汉代士人与政治》为名再版，除导言部分替换一段文字、订正若干错谬之处外，其余一仍其旧，以存原貌也。

2024 年 2 月 19 日